LITERATURA AMERICANA REUNIDA

LITERATURA AMERICANA REUNIDA
Correspondencia y pedidos:
Apartado de correos 5001
Madrid 5. España

ESTUDIOS, TESIS Y MONOGRAFIAS
Director: Juan Octavio Prenz

© Raúl Silva Cáceres
I.S.B.N.: 84-85594-05-3
D. Legal M-19782-1983
Imprime Gráficas MALUAR Sdad. Coop. Ltda.
Tél. 8713531. ARGANDA DEL REY (MADRID).
D. Portada de Agustín Olavarría

DEL CUERPO A LAS PALABRAS:
la narrativa
de
Antonio Skármeta

Raúl Silva Cáceres   Soledad Bianchi   Oscar Collazos

Constanza Lira   Grínor Rojo   Ariel Dorfman

Iscorti Cartens   Juan Armando Epple

Raúl Silva Cáceres
Editor

Literatura Americana Reunida
Madrid

El presente volumen ha sido realizado con la colaboración del *Chile-Kulturzentrum* de Berlín Occidental, República Federal de Alemania.

A MANERA DE PROLOGO

En la visita que el año pasado hiciera el escritor chileno Antonio Skármeta a Suecia y a raíz del numeroso público que se dio cita para escuchar sus conferencias sobre literatura latinoamericana actual, nos dimos cuenta de la difusión que con los años había llegado a gozar su obra literaria. Sin embargo, ante las consultas de numerosos estudiantes e investigadores sobre la posibilidad de recomendar una bibliografía crítica sobre el autor, nos encontramos con la imposibilidad de hacerlo por existir sólo artículos dispersos en publicaciones periódicas de América Latina o Estados Unidos, los cuales eran de difícil acceso. Creemos que este volumen viene a satisfacer una necesidad evidente al respecto. Hemos incorporado en él los mejores textos críticos que hemos podido encontrar, además de no pocos pedidos expresamente para esta ocasión, a diversos ensayistas que han estudiado la obra de Skármeta en los últimos años.

De esta manera, con este volumen hemos deseado poner énfasis en las más nuevas e interesantes promociones de escritores e intelectuales de América Latina, aquellos que son posteriores o simplemente ajenos al mal llamado "boom", así como también a la crítica que pretende explicarlos.

Quisiéramos agradecer al poeta Omar Lara por haber acogido en la editorial que él dirige, este volumen que es, por sobre todo, un esfuerzo combinado de trabajo intelectual y de fraternidad.

El editor

7

PRIMERA PARTE

ELEMENTOS PARA UNA POETICA DE LO COTIDIANO EN LA OBRA DE ANTONIO SKARMETA*

Raúl Silva Cáceres

> *... Vi los caballos desprendiéndose del suelo, vi la luz del sol reflejada sobre sus pelajes caer hecha agua en la pista, vi las fustas dirigiendo música de la que golpea el vientre, vi a los jinetes mordiendo las orejas de sus cabalgaduras, vi a Eliot a horcajadas sobre un alazán recitando, vi a Allen Ginsberg con el carbón de Lota en las manos en actitud de querer preguntarle algo a alguien, vi los muertos del 2 de abril limpiándose con arena la sangre que les manaba de las lenguas, vi una lluvia de naranjas húmedas rebotar en la arena y devolverse al cielo, vi a Herman y sus Hermits cantando "Oh, missis Brown you have such a lovely daughter"...*

"Uno a uno", cuento.

1. De las raíces temblorosas

¿De dónde esta búsqueda de las raíces? ¿Del aire o de un abismo al cual cae "un joven con el cuento" y con su novia en un accidente de automóvil? ¿O del fondo de un Aleph, punto mágico del universo en donde confluyen muy borgesianamente todos los puntos y todos los tiempos? ¿O de la soledad de un joven y de su borrachera y de su alegría incierta y de sus pies de barro y su memoria de la muerte?

---

* Este artículo retoma algunas ideas expresadas en mi prólogo a la edición Sueca de *Soñé que la nieve ardía,* Stockholm, Federativ Forlaget, 1981.

Lo cierto es que aquí todo está mezclado y dado vuelta. La retórica de los engolados escritores chilenos de la generación anterior, hecha pedazos. Y también enumeración caótica que corona los grandes cuentos del maestro Borges (y de paso el ya mencionado el Aleph) desprovista de la densidad trascendental y metafísica que hicieron su gloria de elusiones y lejanías. Aquí el acto de *ver* significa *poseer* en un terreno accesible a lo inmediato, a lo cotidiano, a lo vulgar, significa solidarizarse con lo más alto y lo más bajo, con la poesía de Eliot y con el imposible alazán criollo de nuestros valles subdesarrollados, con los obreros asesinados el 2 de abril y su sangre que corre junto al jazz irónico y los poemas de Ginsberg. Pero, por sobre todo, implica una búsqueda poética de la comunicación y de la solidaridad en un hombre necesitado de la autobiografía como modo de afirmarse en un mundo reciente, inestable, poderosamente sensorial.

Es cierto, éste no es el primer cuento de Skármeta: fue escrito a principios de 1970 y publicado en el libro *Tiro libre*, 1973, cuando ya el autor había dado a conocer *El entusiasmo*, 1967, y *Desnudo en el tejado*, 1969 (Premio Casa de las Américas), dos volúmenes que lo colocaron de golpe entre los más destacados narradores latinoamericanos posteriores o ajenos al mal llamado *boom*. Pero en él se condensan los rasgos que dan consistencia a la poética de lo cotidiano en su obra: solidaridad intensa, nostalgia por una naturaleza entrañable, mística de la comunicación con un orden natural o divino a través del cual los seres humanos deben comunicarse, frotarse, quererse, lamerse, amarse, ayudarse, increparse, fornicar, reconciliarse, crecer, para tratar de *ser* en la simplicidad cordial de los gestos cotidianos.

Si bien la obra del escritor chileno aparece desde el comienzo como impregnada por la presencia del *otro*, mi semejante, es sobre todo el adolescente masculino que convive y trata de expresarse al interior de un grupo, o el solitario que hace frente a la vida desde su marginalidad, los que asumen en una primera etapa la búsqueda de un equilibrio efímero, desprovisto de la más mínima conciencia heroica, pero sí transido de humanidad y una especie de tierna ironía. La mujer, en cambio, está fuera de esta densidad vital: su papel, por lo menos en los dos primeros volúmenes comentados, es de compañera y amante y aún amiga. Pero ella no se define por su propia experiencia, por su propia identidad. Objeto conquistable, imprescindible, pasajero. Molde y medida fraternal, que vuelve una y otra vez hasta con los mismos nombres a ser evocada dentro de los propios cuentos del autor: así la Erika de "Basketball" con la cual el amor es una alegre lucha en los aledaños del deporte del barrio, reaparece en el mismo *Uno a uno*, donde ya canuta, fornica con el novio de su hermana, pero es nada más y nada menos que la ajena americana de "La cenicienta en San

Francisco": piel, manos, pechos, caderas rumorosas y el perfume del amor. Estamos lejos de los protagonistas masculinos, obsesionados por su identidad, dentro de la cual la expresión artística será lo decisivo: no olvidemos que la gran mayoría de los protagonistas de los cuentos son o desean ser artistas y, más concretamente, escritores.

Por otra parte, ¿de dónde la dispersión, de dónde el jazz al lado de los mineros de Lota, Rodin al lado de Lucho Gatica?

Antonio nació en Antofagasta, Chile, en 1940 y es nieto de inmigrantes yugoslavos: vivía con sus abuelos que le hablaban en croata, mientras él respondía como podía en español, en una ciudad violenta con aspecto de campamento y un desierto lleno de rocas lunares calcinadas, empalidecidas por el viento. Su destino fue agitado como es el caso frecuente de gentes que recién llegan a un país: no sólo el Norte, sino también la capital, Santiago, situada a 2.000 km. hacia el sur fue el lugar de residencia del joven escritor. Luego vino la experiencia de Buenos Aires, la gran ciudad argentina, en donde debió acompañar a sus padres que fueron en busca de mejor trabajo y mejores condiciones de vida y luego el retorno a Santiago, cuando la familia no puedo encontrar lo que buscaba. Así, la vida de pensiones, hoteles de provincia, lugares modestos y provisionales fue, desde pequeño, una experiencia familiar para Skármeta, lo cual se refleja en sus cuentos y también en su primera novela, *Soñé que la nieve ardía* (1975). Precisamente, la acción central de la obra se desarrolla en una pensión de Santiago, en un barrio semiproletario, San Eugenio, a donde confluyen distintos personajes originarios de diversos rincones del país, para vivir la experiencia de cambios profundos que se realizaron en el país en los años de 1970 a 1973 y que habría de terminar, a través de un golpe de estado, con la democracia más antigua y estable de América Latina.

Hay, pues, un antecedente muy concreto en el permanente desarraigo y vagabundeo de los personajes de las narraciones de Skármeta, así como hay un antecedente literario en su búsqueda constante de un equilibrio que se encuentra siempre "más allá" y que está ligado a una vitalidad devorante y a un frenesí erótico, cuya salida es tan natural como el acto de respirar o conversar con los paisajes y las cosas. Mucho se ha hablado de las influencias que Jack Kerouac y los escritores de la *beat generation* habrían ejercido sobre Skármeta. Los héroes literarios que con una bolsa de enseres mínimos se echaban a caminar por las vastas rutas de Estados Unidos, en busca de un país desconocido y de una identidad difícil, cuyo encuentro sería el premio de la desalienación y la curación de la neurosis, constituyen una experiencia similar en los personajes de los primeros libros del chileno. Allí están "A las arenas", "Una vuelta en el aire", el propio cuento ya citado "La cenicienta en San Francisco", entre muchos.

Pero es siempre la experiencia personal —el propio Skármeta viajó y vivió de ese modo en Estados Unidos, antes de hacer un Master en Literatura en la Universidad de Columbia— la que está en la base de sus relatos. Por eso las influencias de Kerouac o del propio John Steinbeck son más bien coincidencias de sensibilidad, formas de aproximación de lo real, detrás de las cuales está siempre lo cotidiano y lo banal formando parte de la esencia misma de las cosas. Y también el hecho de pertenecer a una tierra nueva, sin raíces, tierra a la cual hay que inaugurar con las palabras y los viajes, para crear esa profundidad que de otro modo sólo podría ser trabajo del mar y del aire, del desierto. Esta es tal vez la razón de por qué la obra de Skármeta es tan cercana de ciertas formas y temas de la cultura norteamericana incluyendo la "alta vulgaridad" de la cultura *pop* y tan ajena de los modelos y las tensiones de la europea, a la inversa de lo que sucedió con otros escritores de su país y con los grandes modelos del continente a los cuales el chileno debe su cuota de grandeza: Julio Cortázar, sin ir más lejos.

2. Desde el "área chica" hasta "Soñé que la nieve ardía"

Si bien es la voluntad de poseer fraternalmente el mundo lo que determina la calidad de la conciencia, incluyendo en ella la política y la concreción de los gestos cotidianos ya sea al interior de la familia, de la escuela o del grupo en el barrio, los que permiten entender los movimientos de la Historia, los problemas creados a las fuerzas que apoyaban el cambio de la sociedad chilena en los años 1970 a 1973, empezaron a reflejarse concretamente en el volumen *Tiro libre,* y sobre todo, en la segunda sección llamada simbólicamente *en el área chica,* es decir, en el sitio decisivo donde se deciden las posibilidades de ganar o perder en el juego del fútbol. Ya volveremos a comentar este hecho fundamental en la obra del narrador chileno: la respuesta a través del enfrentamiento codificado que significa la práctica del deporte, ya sea individual o colectivo, a las amenazas exteriores.

En "Primera preparatoria", el cuento inicial de la sección comentada, el tema es la división de una familia a través de la adscripción o rechazo de dos hermanos frente al proceso chileno: uno se va al extranjero y el otro se queda, pero en ambos hay una ruptura de la conciencia de clase frente a aquél, mientras el padre aparece mucho más comprometido. En "Enroque", sobre la formación de la mentalidad totalitaria y la violencia armada ligada muy esquemáticamente con la homosexualidad, en "Balada para un gordo", se habla de las diferencias de concepción política entre los diversos partidos, que llevaron a la inacción y debilitamiento a la experiencia emprendida; en "El cigarrillo", de la recuperación que hace la clase alta a través del whisky y del sexo, de los elementos marginales y pobres que atacan y matan a los militantes y obreros de las poblaciones, reduciendo el mundo a una simplificación que alcanza en parte a la misma estructura artística del relato, como sucedió con "Enroque".

Pero contra lo que pueda creerse, estos cuentos sólo tienen una textura política en un primer nivel cercano de la contingencia concreta, porque su funcionamiento verdadero opera en otro plano: su compromiso con el hombre corriente, la búsqueda de la lealtad y la denuncia de la traición, la inserción de las tensiones del hombre que sufre, del ser que despliega su angustia o sus sueños en la calle humilde de barrio marginal, perdida entre los escombros de América Latina y sus fulgurantes rascacielos de cristal, eso es lo que en última instancia cuenta para Skármeta.

La novela publicada en España en 1975 y escrita en Buenos Aires en 1974, inmediatamente después de los sucesos conocidos, pretende asumir todas esas contradicciones y coincidencias, los gestos pequeños que pudieron hacer avanzar a la Historia, la dialéctica de la fraternidad y del dolor, de la lealtad y la delación. Está escrita a partir del entrecruce de tres historias simultáneas, que terminan por juntarse en un mismo universo espacial: la ya mencionada pensión en el barrio de San Eugenio en Santiago y concluye temporalmente luego del funeral del poeta Pablo Neruda, el 23 de septiembre de 1973.

3. Arturito, la estrella del fútbol

La primera de estas historias tiene que ver con Arturo, la estrella del fútbol provinciano que se desplaza hacia la capital en busca de gloria, dinero y prestigio. Es evidente que aquí Skármeta repite un prototipo que le fascina y ha reiterado muchas veces en su obra anterior e incluso en las películas que ha realizado con Peter Lilienthal, el realizador alemán: el personaje provinciano (hombre o mujer) que perteneciendo a la pequeña burguesía busca la realización de sus ideales de ascenso social en su desplazamiento hacia la capital. Este prototipo tiene ilustres precedentes en la literatura occidental, sobre todo a partir de las novelas de Stendhal, los Julien Sorel y Rastignac y además de los personajes del realismo balzaciano, que ejercieron en América Latina una fuerte influencia. Pero Skármeta ha modificado las premisas del funcionamiento de éste: Arturito no es sólo el héroe individualista que busca su enriquecimiento o ascenso social, sino que lo hace en medio de un proceso, en el cual la mayoría de la población actúa guiada por principios completamente opuestos: la participación, la solidaridad, la justicia para todos. De ahí que su condición de "virginidad sexual", sea no el premio de la inocencia, sino el escarnio por su falta de compromiso frente al proceso de cambios, su indecisión y debilidad. Su abuelo lo condena por esto y sus amigos y compañeros se hacen eco de este "defecto" mayor. Todo esto puede parecer irrisorio y vagamente ridículo. En efecto, en un continente en donde todavía la virginidad es un mérito y más aún un requisito de respetabilidad para la mujer, para el hombre en cambio, es signo de debilidad, cobardía e impotencia. Y el escritor Skármeta reproduce sin quererlo el mundo que condena, pero lo hace con la misma ternura y simpatía con que larga a sus personajes a debatirse como puedan contra la mala suerte, el hambre, la fatiga. No obstante, por primera vez se ha operado un cambio de fondo en la galería skarmetiana: más allá de la simplificación empobrecedora de las oportunidades sexuales, más allá de la algo gruesa metáfora sobre la inacción político-sexual del futbolista, hay una mujer, la primera en su obra, con una individualidad poderosa y distinta, que inicia sexualmente a Arturito, espantando y disipando sus fantasmas. Y lo hace alegremente, por amistad y compañerismo, por fraternidad y calentura, por conciencia política y sentido de la libertad, y en el fondo, por respeto de sí misma, por resistirse a ser una cosa o un símbolo romántico e inaccesible y querer afirmarse en cambio como un ser de carne y hueso que construye su futuro y el nuestro con sus manos. La Susana en su brevedad y alegría viene a enriquecer la galería de los personajes femeninos de la literatura latinoamericana actual. Al otro lado, desplazado y mínimo queda Arturito, quien no pudo integrarse a la acción colectiva del grupo. Sin embargo, Skármeta no nos presenta una realidad maniquea, puesto que si bien el futbolista no puede vivir la experiencia como una comunidad política, al final se recupera a un nivel individual asistiendo a los funerales de Neruda, acto tardío de solidaridad con el pueblo y el poeta que lo encarnaba, lo cual le significará la cárcel durante un tiempo, antes de volver a encerrarse en su pueblo provinciano. O sea, que antihéroe vacilante de la clase media provinciana, no puede comprometerse con su presente, pero al final logra vincularse de alguna extraña manera con su futuro. Muy simbólicamente esta vinculación no se hace a través de la acción política sino a través de la poesía.

4. Los artistas de "vaudeville"

La otra historia que se entrelaza en la novela es la de El Señor Pequeño y el Angel (o la Bestia) y que se va presentando en contrapunto con la de Arturo. Estos personajes pertenecen al mundo del teatro de variedades o al circo y son una muestra del artista "degradado", a medio camino entre lo popular y lo culto, entre lo auténtico y lo inauténtico, con un modo de hablar algo ceremonioso y engolado y al mismo tiempo con los defectos del habla popular. Pero el Señor Pequeño representa otra clase social, los marginados, los que siempre deben huir porque han cometido un robo o un delito menor, o porque no tienen trabajo y deben esconderse en las noches, buscar mesas y lechos ocasionales, disimular su fracaso o su marginalidad en sueños imposibles o proyectos absurdos. En estas dos historias entrelazadas con la principal, lo fundamental es el nivel irónico que el narrador impulsa en el relato. Lo interesante es la visión de lo caduco y degradado en ambos casos, a través de una entrañable ironía, de un relato oblicuo en el cual lo que se dice es menos importante que la manera como se dice. Viendo operar a estos dos personajes, recordé los personajes de Ingmar Bergman en *el Circo* o en *el Rostro,* esos payasos grotescos y veniales, víctimas de un mundo de pacotilla en que no hay cabida para la verdadera dignidad. Pero Skármeta no carga las tintas expresionistas del drama bergmaniano, su Señor Pequeño y su Angel son seres que no tendrán salvación, aunque al menos el Angel, en un tardío momento, asumirá la defensa del más débil y deberá pagar muy caro su tardío atrevimiento, frente a los militares que invaden la pensión en busca de militantes de izquierda. Más que antecedentes literarios o fílmicos (la tentación de reducir estos personajes al absurdo de las parejas teatrales de Beckett es inevitable)* es necesario saber que los modelos son reales y que Skármeta los tomó de ciertos cómicos de un teatro de variedades que se llama en Santiago *Bim Bam Bum* y en donde alternan mujeres en pelotas con ilusionistas y cómicos de sketch que tratan de expresarse con acentos engolados y cultos, pero cuyo origen marginal y proletario se traiciona con frecuencia. Aquí hay, una vez más, una denuncia tierna de lo inauténtico; a través del humor vemos la decadencia de un mundo que se derrumba, pero comprendemos también que el absurdo es eterno y que detrás de lo abyecto está lo humano y con él el humor que puede rescatarlo.

5. Los jóvenes del grupo o cómo se puede llegar al centro desde la marginalidad.

La historia central de la novela es la del grupo de muchachos de la pensión: el Negro, el Gordo, la Mari, la Susana, el cabo Sepúlveda, Don Manuel, Alcayaga, Conde. Son seres que expresan, a través de su lucha cotidiana, de su asistencia a las marchas y concentraciones políticas, de sus disputas ideológicas como las de el Gordo y el Negro, dos actitudes y dos maneras de entender la situación chilena, el movimiento de lo colectivo que asciende poco a poco para forjar en sus manos el destino de todos. En ese

---

* En el excelente artículo de Grínor Rojo sobre esta novela se hace referencia al tema de modo por demás iluminante.

sentido los propios personajes están poco individualizados; son tan genéricos como sus nombres, que son los nombres de todos.* Y la pensión también es un lugar genérico y abierto, un espacio pobre y fraternal, un lugar de todos y para todos. O sea, es el país todo entero que está metaforizado en ella. En este sector de la novela se encarnan todos los temas que antes fueron materia de indagación parcial en los cuentos del escritor. A la denuncia de un mundo inauténtico se opone aquí la alegría de la comunicación y de la fraternidad, la configuración de un modo de vivir nada solemne; la naturalidad de estos jóvenes, que se sienten depositarios del futuro, es la conciencia de que están participando en algo que no está al margen de la Historia, en que ellos son los protagonistas porque, paradojalmente, hacen lo que hacen todos, tal vez para el bien de muchos. Los personajes tradicionales de la novela burguesa, de los cuales las otras dos historias, la del Señor Pequeño y de Arturito, son sus reflejos paródicos, quedan así anulados por la presencia de lo colectivo, por la dimensión nueva y enriquecida que tienen las vidas privadas de estos hombres y mujeres. Eso se ve aun en el caso del policía, el cabo Sepúlveda, que representa la autoridad represiva del estado, pero que es testigo todos los días de las violencias verbales que le hacen las personas que bajan de los barrios elegantes y lo insultan porque no se ha revelado todavía. El cabo Sepúlveda estará silenciosamente del lado de las víctimas al final y no de los victimarios, que él está obligado a ser por su oficio de policía.

Todo esto está contado con lenguajes directos, con relatos de relatos, con mediatizaciones del discurso literario, que hacen difícil la comprensión de los sucesos, a veces, pero que le dan una gran riqueza polisémica, la que no existe en las obras de tipo puramente político. Los sucesos reales están siempre *evocados* por personas que los cuentan, pero no se dicen en su dimensión real: el final es conversado por Don Manuel en torno a un vaso de vino y su largo monólogo nos cuenta poco a poco de la suerte de los personajes del grupo, la escapada del Gordo Osorio y la muerte del Angel, la muerte del Negro y de Sepúlveda, la dispersión del grupo, la prisión transitoria del futbolista.

Otro ejemplo del discurso narrativo interiorizado es la muy divertida transmisión de un partido de fútbol donde juega Arturito y en donde se reproducen los estereotipos lingüísticos de los locutores deportivos con sus referencias de mal gusto y sus mitos de pacotilla, sus lugares comunes, sus frases hechas. Pero el partido en sí, no se cuenta jamás. Lo que se cuenta es un estado de espíritu, una vulgaridad domesticada, la forma artificial y

---

* Este mismo rasgo es perceptible en la última novela, *La Insurrección,* 1982, que trata de la revolución sandinista contra Somoza en la ciudad de León, según el ensayo de Dorfman incluído en este volumen.

postiza de mirar la realidad sin verla, de contarla sin decirla, de escamotearla mencionándola torcidamente. En esta paradoja el autor ha deseado reproducir los lenguajes artificiosos y artificiales de los intelectuales y artistas de la Unidad Popular, que hablaban interminablemente de una realidad que no acababan de entender para poder modificarla, perdiéndose en el dédalo de la abstracción, de los comentarios superestructurales como los locutores deportivos, lenguajes formalizados y ajenos a la realidad concreta que se estaba viviendo.

6. Los niños, esa respuesta total del crecimiento y la fraternidad.

Tres tensiones fundamentales dan origen a la estructura en la narrativa de Skármeta: primero, la amenaza de alguien o algo más fuerte al desarrollo o crecimiento de un niño o un joven, como se ve en el cuento "Relaciones públicas", o más recientemente en la novela breve *No pasó nada*, 1980, y en numerosos relatos de su primera época tales como "Una vuelta en el aire" o "A las arenas", sin olvidar los ya mencionados "Enroque" o "El cigarrillo". En segundo lugar, la respuesta, en términos generales de tipo individual, que los personajes juveniles dan al enfrentamiento a esa fuerza muchas veces no precisada, enfrentamiento que se expresa con frecuencia a través del deporte o de un viaje, tal como sucedió en "La cenicienta en San Francisco", "El ciclista del San Cristóbal", "Basketball", "Pescado" y tantos otros. En tercer lugar, un estadio superior de estas dos instancias conflictivas, que implica una especie de restablecimiento del equilibrio una vez que se han logrado superar o asimilar las experiencias de afirmación de la personalidad. Este estadio superior suele resumirse en una frase que se ha ido modificando con el paso de los años y que en el primer volumen de cuentos fue *qué iba a hacerle* (una forma amable y coloquial que junto con pedir excusas, alude a la fatalidad de un destino de lucha: es una mezcla de eso, de falsa modestia y de orgullo juvenil) y que luego en la novela homónima posterior tomará la forma de *"no pasó nada"* (expresión coloquial chilena que corresponde en rigor a *"aquí no ha pasado nada"* y que el protagonista Lucho repite cada vez que comete un "foul" en un partido de fútbol, un poco para excusarse y otro poco para evitar las eventuales represalias).

Estas instancias también están presentes en el período más interesante que ha desarrollado Skármeta luego de la novela de 1975: el que se refiere a los protagonistas-niños, de cuentos en los que se hace mención directa o indirecta a la situación represiva instalada en el país después de septiembre de1973.* Los niños que antes fueron boxeadores de una pandilla marginal, aprendices de hombrecito que soñaron con llegar a ser cantantes de "rock", niños que se juntan, juegan y pelean en la pandilla del lado chileno como en la del lado argentino, o en la del lado alemán, jugadores de fútbol, básketbol, ajedrez o billar, se van ahora a convertir en serios jugadores de la libertad, van a llegar a denunciar la delación y van también a señalar una etapa superior de la conducta humana, allí donde los mayores han fracasado por estulticia o irresponsabilidad. Lo que hace Skármeta, no es sólo inaugurar un tema en la literatura latinoamericana actual casi desprovista de niños (como no sean patológicos o paródicos), cosa en la cual le seguirá también Ariel Dorfman (véase su *Cría ojos...*), sino aludir a un nuevo *"estado social de civilización"*. La infancia va a aparecer como depositaria de valores de integridad y entereza que la van a transformar en agente activo del mañana. En el excelente relato "La composición", por ejemplo, un niño es requerido por un militar para escribir una composición que eventualmente debe servir para averiguar las actividades de los padres a partir del toque de queda. El militar es un interventor en la escuela y promete a los chicos volver con los resultados muy pronto y otorgar premios a la composición más relevante. El protagonista, sin renunciar a su actividad de niño, sin renunciar al sueño de que el capitán le regale una "verdadera" pelota de fútbol, va a escribir una composición falsa para proteger a sus padres en las noches. El protagonista rechaza la delación y sigue siendo niño y como tal percibe el mundo, pero no delata, porque se ha dado cuenta de que callando la verdad, resiste a la violencia y la barbarie militar.

Aquí hay, entonces, un interés por la infancia como depositaria de una capacidad superior de la esperanza: los niños reaccionan con una fuerza e integridad que los propios padres apenas pueden entrever. Los niños triunfan precisamente después de la derrota de sus padres, que no supieron entender el soplo de la Historia, que no supieron contar de verdad el partido de fútbol y se enredaron en los prolegómenos o en sus mitologías de cartón. Skármeta es consciente de esto. De la inocencia literaria y levemente lúdica de los cuentos iniciales ha sido capaz de visualizar una *inocencia activa,* que tiene el mérito de decir la verdad, allí donde los grandes mistifican; que tiene la capacidad de señalar los errores, allí donde los grandes los racionalizan. Los niños también triunfan en la inserción de su doble identidad de exiliados y siguen siendo miembros de la comunidad nacional chilena, allí donde los padres se arrastran entre las sombras de lenguas que apenas pueden entender y viven de cara a la nostalgia; los

---

* Al respecto puede consultarse una tesina muy interesante producida en La Sorbona, París, en 1981. Vid. Banurra-Spiga, María Grazia: *Enfants et adolescents dans l'oeuvre d'Antonio Skármeta.* Université de Paris, IV, 110 págs.

niños como Lucho en *No pasó nada* aprenden a amar en alemán o francés o sueco o inglés, pero no escamotearán algún avión de vuelta que les permita llevarse a sus queridos enemigos con los cuales se han dado de trompadas en la S Bahn Beusseltrasse de Berlín, que les permita seguir jugando fútbol, disputándose a Ricitos, soñando con la libertad, oyendo finalmente el long-play con los Schlager, o en otras palabras, visualizando un futuro en que lo infrarreal, lo banal, lo cotidiano, permitan reordenar al mundo en una perspectiva de fraternidad y de compañerismo. Para entonces, la respuesta al desafío del crecimiento será el premio de la identidad recuperada.

EL ENTUSIASMO:
LA CARCAJADA ABIERTA Y LA EMOCION DE
LO VERDADERO

Soledad Bianchi

Era Santiago de Chile, América del Sur, diciembre de 1967 y Editorial Zig-Zag publicaba *El Entusiasmo,* primer libro de Antonio Skármeta. Haciéndole honor al título, la crítica lo acogió entusiasta.

Era Santiago, Chile, América del Sur, 1967: Skármeta enseñaba en la Universidad de Chile donde también se encontraban Ariel Dorfman, Poli Délano y otros escritores en un establecimiento que, sin ser excepción, impulsaba la actividad cultural y artística: eran los tiempos de *Trilce* en Valdivia, de talleres y encuentros literarios... y de autonomía universitaria "en un país en que el ejercicio de la palabra carecía de límites".[1]

Hoy es Berlín, Alemania, Europa, 1982: Antonio Skármeta ha publicado otros cuatro libros de cuento y tres novelas. Ha escrito varios guiones para el cine y algunos radio-teatros. Ha recibido diversos premios. Ha sido traducido a numerosos idiomas. Hoy es París, Francia, Europa, 1982 y desde esta ubicación intentaré mirar esa primera publicación skarmetiana sin poder desconocer su producción posterior y con una distancia de más de diez mil kilómetros y casi quince años.

A este inicial volumen de cuentos lo recibió una crítica elogiosa no sólo por ser el fruto de un joven escritor de 27 años sino porque en su ágil escritura mostraba modos y situaciones narrativas que no se correspondían con las ya habituales.

Los personajes y los protagonistas de estos cuentos eran, en su mayoría, jóvenes que no continuaban ni eran el último eslabón de familias decaden-

---

[1] "Al fin y al cabo, es su propia vida la cosa más cercana que cada escritor tiene para echar mano", conferencia de Antonio Skármeta dictada en The Wilson Center, Washington, octubre de 1979. Edición mimeografiada, p. 25.

tes física y socialmente. Tampoco se veían enfrentados a grandes y graves problemas existenciales que los obligaran a definirse para asumir sus vidas. eran simplemente muchachos que vivían con toda intensidad y con todo el cuerpo intentando, además, salirse de los márgenes ya marcados. La vida con sus avatares no caía sobre ellos como una fina e impenitente lluvia contra la que nada puede hacerse sino soslayarla. Por el contrario, sin heroísmos ni proponiéndose acciones épicas, se salían del curso oficial y más caudaloso. Tampoco estos muchachos tenían graves conflictos generacionales que les hicieran renegar de sus antepasados y sentirse iniciadores absolutos de nuevas geneologías sin vivir tampoco relaciones idílicas y poco reales.

Lo anterior otorgaba unidad a un volumen que reunía ocho cuentos en que sólo el último, "Mira donde va el el lobo", parecía separarse, pero sólo exteriormente ya que en él volvían a aparecer muchos de los rasgos que reiteradamente se venían anunciando en los otros relatos.

Si algo llamó la atención en *El entusiasmo* fue la vitalidad de sus personajes. Vida, energía, impulso, entusiasmo, que los llevaban a asombrarse frente al mundo, a interrogarse y a intentar apropiarse de él en conductas cotidianas que los hacían reconocerse y sentirse partícipes e integrantes de la naturaleza y de los otros seres.

En la mayoría de estos cuentos se utiliza la primera persona y no podría ser de otra manera porque sus narradores se proponen contar sus experiencias sin pretender extenderlas ni plantearlas como válidas para los otros porque si algo los irrita son las respuestas abarcadoras y grandilocuentes, prefiriendo las interrogantes a las seguras afirmaciones. El uso del yo, entonces, limita el campo de la narración, de las acciones y de los conocimientos a lo personal. Las voces que lo usan deben hacerlo porque, además, relatan un aprendizaje de vida que les ayuda a la fundación o al reconocimiento de una identidad, de un *yo*. Examen y confesión que, generalmente, se hace evidente sea en la conciencia de la diferencia, sea en la dificultad, sea en el sentimiento de máxima libertad, sea después de una vivencia que se circunscriben sólo a lo individual, en ellos hay una actitud de rebeldía frente a una sociedad que sienten ajena, que sienten demasiado construída en su monotonía y rigidez. Por esta razón, a veces intentan escapar: hacer la cimarra, dejar la universidad, abandonar la provincia o partir del país son tentaciones a las que se aspira y que pueden concretizarse como inicios de innovación dentro de lo institucionalizado.

Esta rebeldía se manifiesta en actos de posesión del mundo ya que de esta manera los jóvenes se afirman como seres humanos, se encuentran en sus cuerpos, viven. Tanto es así que los sentimientos se hacen carne y se personifican o las diferentes partes del cuerpo manifiestan su existencia y hasta se hacen sentir con independencia aunque siempre integradas al orga-

CALIFORNIA STATE UNIVERSITY, SACRAMENTO

This book is due on the last date stamped below.
Failure to return books on the date due will result in assessment
of overdue fees.

nismo. Otras veces, debido a la espontaneidad, al ímpetu y a la agresividad física se produce una identificación con el animal y los personajes se sienten o son vistos como bestias, fieras o cachorros.

En estos cuentos, vivir es sinónimo de libertad y los personajes viven, es decir son libres cuando beben, cuando hacen el amor, cuando están con los amigos, cuando ríen, cuando lloran, cuando orinan, cuando pelean, cuando comen, cuando se escapan del trabajo y en todas estas acciones se trascienden a sí mismos porque rara vez están solos. Además, en y con todos estos actos, los personajes buscan, improvisan, crean.

Estos seres que viven tan intensamente sus cuerpos, sus quehaceres, sus preocupaciones e intereses, se superan sólo porque se enfrentan, oponiéndose, a una sociedad que quieren diferente, aunque no sepan cuál sea la salida apropiada ni se comprometan en experiencias colectivas que podrían variarla. Ellos se trascienden, también, porque una de sus felicidades la encuentran en la entrega que toma diferentes formas: la amistad, hacer el amor, la palabra "paridora de seres donde hay la luz que revienta como un truco de circo barato"[2], la escritura, la conquista, la música, la bebida o la comida. Estos seres, "demasiado sabios para tirar a la broma la vida", se rebalsan, se expanden y es en el encuentro con el otro donde reside una de sus alegrías: en los amigos que extienden y completan la familia; en el acto sexual en el que se concretiza un afecto más extenso "descargando su amor a la humanidad" donde se encuentra "el aliento y la alegría de un cuerpo compañero". Esta trascendencia se muestra, asimismo, tanto en las múltiples apelaciones al *tú* como en los diálogos que sirven al intercambio y la comunicación junto con agilizar los relatos al ritmo que las acciones lo requieren.

En cada uno de los ocho cuentos de *El Entusiasmo* hay un creador, por lo menos. Varios de los personajes son o quieren ser escritores, pero también está el músico de "Mira dónde va el lobo" o el muchacho que inventa una manera original de conquistar una chica en "Nupcias", o el otro cuya pelea es una verdadera creación y que emparenta este aspecto de "Relaciones Públicas" con aquél muy semejante de *Nopasónada* donde es retomado. De distintas formas, todos son creadores, pero no sólo en una situación precisa o en una actividad determinada ya que desbordándolas ellos son

---

[2] La cita completa se refiere a la pérdida de sentido de las palabras muy repetidas, como "amor"; al pronunciarla rutinariamente se pierde el "resplandor primitivo de la palabra primitiva, paridora de seres donde hay la luz que revienta como un truco de circo barato (pienso en los conejos y las galeras de los prestidigitadores y en los pañuelos multicolores emergiendo al movimiento del todopoderoso que es el charlatán) que nos deja la boca abierta por toda la infancia...". Recuérdese que el Señor Pequeño, de *Soñé que la nieve ardía*, es un artista de variedades capaz de realizar estas maravillas.

creadores porque intentan ser los constructores de sus vidas ya que se niegan a aceptar que ésta sea "como una pluma que sobre el cabello se... hubiese depositado: así de liviana o molesta". Por esta razón quieren introducir la novedad en lo cotidiano al rebelarse a las convenciones y a la invariabilidad del mundo en que viven. Estas ansias de variación llevan a algunos a querer transformarse en pájaros —como los dos jóvenes de "Al trote"—, a querer ser escritores, a pedir alas para su ciudad, a contactarse con la naturaleza, a intentar romper amarras. Los protagonistas de "Entre todas las cosas lo primero es el mar", en su libre escapada de la libre monotonía, hacen recordar *Hijo de Ladrón* porque buscan aquellos elementos de la naturaleza que en la novela de Manuel Rojas resultaban símbolos de lo ilimitado: sol y viento, mar y cielo, pero van todavía más allá porque a estos agregan otros que ellos mismos pueden realizar: manejar, fumar, comer, el amor y la literatura.

Hay cierto escritor que a través de la palabra puede aprehender la libertad, por lo tanto, debe ser capaz de apoderarse y de gozar de todo lo que lo rodea, de todo lo que él es comenzando por la sensación de su cuerpo. Sin embargo, existe otro tipo de escritor que se rechaza: el "sucio falsario" que escribe "historias de neuróticas... para regocijo de señoras con barbas, novelas rosas con palabras sucias y ribetes floreados".

El lenguaje que en momentos de alborozo sirve, una vez más, para nominar en un bautizo de placer, no siempre necesita del sonido y el silencio también se hace importante y puede ser uno de los modos de compartir[3]. La prueba está en que la naturaleza —sinónimo de libertad— no necesita palabras para hacer que el hombre se sienta ligado a ella.

Es posible que frente a la narrativa actual de Skármeta, el Antonio de "La Cenicienta en San Francisco" y de "El joven con el cuento" (también escritores como su homónimo de *Soñé que la nieve ardía* y, sin ir más lejos, como su homónimo, el autor) o cualquiera de los otros protagonistas parezcan algo anárquicos y demasiado centrados en ellos mismos, pero ¿por qué pedirles más de lo que eran? : seres libres que pretendían nada menos que romper los moldes de una sociedad que los oprimía, que intentaba reglamentarlos, que no les ofrecía nada nuevo. Si se mira desde hoy a estos

---

[3] En "Mira donde va el lobo", el protagonista dice: "Y ese día ni siquiera conversábamos. Cinco años entre pocas caras son capaces de fatigar los labios; nos conocemos el olor, el futuro, el nervio preciso para saltar la rabia. De día nos evitábamos; yo no tenía ilusiones, pero sabía compartir un silencio..." (166).
Este cuento que reelabora un momento de la historia de Chile es, por esta razón, un antecedente de la primera novela de Skármeta y de muchos de sus cuentos.
El narrador Carlos Droguett (1912) publicó en 1961 y 1967 las novelas *Cien gotas de sangre y doscientas de sudor* y *Supay el cristiano* donde retoma situaciones de la Conquista de Chile en el tiempo en que gobernaba Pedro de Valdivia.

personajes, se puede concluir con el primer Antonio que como "la vida tenía más vueltas que una oreja", los jóvenes de estos cuentos resultan los antecedentes, los hermanos mayores, los primos de los que aparecen más tarde en la producción de Skármeta y que encauzan todo su entusiasmo y energías en un quehacer colectivo que pretenderá cambiar esa misma sociedad que molestaba y constreñía a los primeros, sin saber ni preguntarse por las causas de esos defectos ni interrogarse sobre quiénes los habían provocado. Sin embargo, en sus pieles sentían intuitivamente muchas de las limitaciones y no sólo las que los afectaban personalmente. Aunque estos muchachos después de liberarse de una u otra forma podían pasarse "cantando largas odas silenciosas al azar y al sin sentido", no permanecen ciegos frente a la realidad que los circunda en monotonía, burocracia, restricciones, pobreza. Así, uno de ellos en "Días azules para un ancla", en una oración desmesurada, acorde con su dolor, pide directamente a Dios: "desata al fin a este pueblo anclado en las dunas, aunque su estómago está vacío será grácil su vuelo, ...danos un pueblo sin hambre que ya lo merecemos, haz que el desvelo reviente en cosechas. Muere con nosotros en la pampa o danos tu cercanía para estarnos contemplando." Este mismo personaje es el que quiere que *su pueblo* vuele porque en el despegue, en el soltar amarras, en el cortar ligazones, está la libertad. Sin duda, por esto mismo luchan la Mari, el Negro, el Gordo o la Susana de *Soñé que la nieve ardía,* sólo que ellos han precisado los motivos de las injusticias y obstáculos y han dirigido sus voluntades con las de otros y se proponen una lucha concreta que aunque no haya sido triunfante —como en *La Insurrección,* la reciente tercera novela de Skármeta— no hubiera sido mal mirada por estos seres que entretejen y viven *El Entusiasmo* que reconocían "una hombría real surgida de las derrotas" ya que ellas son parte de la existencia y son marcas que van haciendo el proceso que se extiende desde la infancia o desde la juventud hasta la madurez en un "aprendizaje laborioso de la faena del mundo". Y si con una sola frase se pretendiera ligar toda la producción de Skármeta, sin dificultades podría variarse levemente uno de los títulos de un cuento que aparece en su primer libro y podría decirse que para ellos, para todos los personajes y también para su autor: "Entre todas las cosas lo primero es la libertad". Libertad que en la ficción se concretiza de formas diferentes porque responde a momentos históricos diferentes que en su variedad siempre dicen y significan un honesto estilo de escribir que en todos los casos corresponde a un "estilo honrado de existir"[4].

París, julio de 1982.

---

[4] Todas las citas corresponden a la edición primera: *El Entusiasmo*. Santiago de Chile, Zig-Zag, 1967. 182 pp. (Colección Narradores Hispanoamericanos). En el orden de este artículo corresponden a las páginas siguientes: 22, 12, 9, 12, 55, 21, 39, 35, 16, 54, 16.

DEL ENTUSIASMO AL TIRO LIBRE

Oscar Collazos

Antonio Skármeta (1940) era "descubierto", para los lectores hispanoamericanos, al adjudicársele, en 1969, el premio de cuento de la Casa de las Américas, por su segundo libro, *Desnudo en el tejado*. De él se sabía más bien poco: que había estudiado filosofía y letras en Chile, que había escrito una tesis sobre Julio Cortázar en la Universidad de Columbia, que había vivido en Estados Unidos y que regresaba a Chile con esos múltiples e improvisados oficios que debe acoger un escritor si está decidido a sobrevivir al margen de la burocracia: profesor de teatro, comentarista de televisión, autor de una novela siempre inédita y de un primer libro (*El entusiasmo*, 1967) en el que su experiencia estadounidense se traducía, desde la perspectiva de un desarraigado, en una exultante peripecia autobiográfica. Además traducía del inglés, entre otras obras, el memorable *An American Dream*, de Norman Mailer. Finalmente, que era el escritor más brillante y representativo de la generación chilena surgida en los años sesenta (Poli Délano, Mauricio Wacquez, Hernán Valdés, entre otros). Hasta aquí, el inventario trivial. Más allá, la lectura de sus cuentos, en esos dos volúmenes editados en 1967 y 1969, dirían el resto: Skármeta probaba que la autobiografía seguía siendo uno de esos materiales transformables en literatura, que la literatura —a su vez— podía tener sentido, en sus raíces autobiográficas, como representatividad de una experiencia individual que se haría, ¿por qué no?, prototípica. Skármeta hablaba a través de un personaje que, a su vez, hablaba de un estado de conciencia, de una dislocada visión del mundo. Un personaje. Es decir, el alter ego de un narrador que, en sus momentos de mayor lucidez, bien podía evitar el *camouflage* y presentarse como lo que realmente era: Antonio Skármeta, descendiente de yugoslavos, vagabundo en un continente, muchacho poco codicioso y desprendido: para él daba lo mismo la copulación en un sórdido zaguán de San Francisco que la pelea a mano limpia en un campo desierto. Skármeta creaba su propio héroe, diseñaba su propia mitología: un ser debatiéndose en la soledad, afirmándose en la lealtad a los amigos, siempre acudiendo a esa extraña metáfora de la literatura latinoamericana: la alegría.

El entusiasmo era eso: al desarraigo del protagonista se unía una nostalgia por esa franja larga, a punto de precipitarse al mar. En uno de sus relatos, el joven intenta la ubicación geográfica de Chile, mientras su excitación crece y la americanita se interroga antes de la inminente copulación. En el mismo volumen, el chileno le entra a golpes al muchacho argentino ("Relaciones públicas") y en esa batalla adolescente terminan comiendo pizzas, abrazados en una amistad de tango y barrio. El desarraigo (la excentricidad) de este personaje va traduciéndose en la separación social: vive con una intensidad inusitada los pequeños mitos del adolescente: el sexo, ya no como una obsesión alienada, descubre su alegría y lirismo en esos encuentros imprevistos; se despoja de cualquier sentido posesivo y se da en esa fase esencialmente corporal y azarosa, como en "La cenicienta en San Francisco". Idénticas situaciones volverán a repetirse en los protagonistas de sus dos libros siguientes: *Desnudo en el tejado* ("Basketball") y *Tiro libre* ("Uno a uno"). Enfrentados a ese eufemismo retorizado, "el amor", Antonio (¿quizá Skármeta?) escoge una práctica espontánea: el erotismo. El héroe presiente la penetración y se regocija en el juego, acude a la ternura, cumple el acto y elude las despedidas dramáticas. Todo volverá a comenzar. No hay dramatismo (es decir, no hay tensiones) en la vida y encuentros de aquellas parejas: copulan con el aliento y la irresponsabilidad de un gesto cotidiano. Rehúsan arraigarse en el amor: rinden tributo al cuerpo, ese cuerpo vagabundo que puede dormir patas arriba en un parque, echarse a una buhardilla o vender medio litro de sangre ("A las arenas" o "Una vuelta en el aire", de *Desnudo en el tejado*). Cuando el drama, en estos relatos, amenaza con la retórica compasiva de la miseria, Skármeta sube la guardia: el humor corta el paso al sollozo. La desconcertante alegría del mexicano y el chileno, una vez desangrados en un rito abiertamente racista, se traduce en ese previsto encuentro con July, en el sótano de un bar, whisky tras whisky, o en esa mañana en la que el narrador despide al amor levantando las cortinas, recibiendo el sol y diciendo adiós a la última amiga. No hay espacio para el drama, ni siquiera en el más dramático de sus relatos. ("El ciclista del San Cristóbal"): ha ganado la carrera febrilmente, regresa a casa, se enfrenta a la madre postrada. "Me serví otro trago, qué iba a hacerle" —así se cierra el relato. Es como si Skármeta comprendiese que la dramatización de un episodio no deja cabida a un sentimiento distinto de la piedad. Y no está decidido a entregar al lector (o entregarse a sí mismo) ese sentimiento que tanto ha contribuido al reblandecimiento del realismo, en su zona más artificial: la complacencia en el dolor universal. La realidad, en sus expresiones más dramáticas (ese tono de mal tango en "El ciclista...", esa soledad de bolero en "Nupcias", ese desamparo en "A las arenas"), es sistemáticamente desdramatizada. Protagonista sin ocupación (vagabundo a la manera de un *beat generation* sin folclor ni metafísica orientales), ese protagonista, que es uno en variadas situaciones, está más cerca de la dinámica trivialidad, de la intensa aventura de un Nick Adams que de la trayectoria desgarrante de un Dedalus. No es curioso que si algún aprendizaje sea reconocible en Skármeta, él provenga de la literatura norteamericana: reconocemos el lirismo de un Wolfe (quizá mediatizado por Whitman), pero también, en episodios de mayor intensidad, la golpeante salmodia de Ginsberg; se nos hace visible la huella de Salinger, como la implacable dureza de Mailer. En algunos de sus relatos se cuelan estas referencias: Whitman, Saroyan, Salinger, Mailer. En otros, tal vez en dos, el protagonista lee "una novela de Manuel Rojas", y en un relato de *Desnudo en el tejado* se explicita la lectura de *Hijo de ladrón*. En *Pajarraco* (el más parabólico de sus relatos), un juego de palabras remite al *Ubu Roi* de Jarry. Las que serían apenas menciones intrascendentes, se convierten en referencias significativas: Skármeta recuerda ser heredero de un orden narrativo. Sólo una referencia latinoamericana permanece oculta (Cortázar): la "trampa" de Skármeta es inocente, pues su familiaridad con la obra del argentino no es casual y sólo en la ausencia de un universo fantástico comprobamos que el chileno ha aprendido su lección cortazariana en las intensidades de un ritmo narrativo, en el encubierto humor de sus relatos, en la alegría nada escandalosa de su "herotismo".

Skármeta se ha cuidado de no hacer de la desolación y la eterna búsqueda de sus protagonistas un exhibicionismo existencial. Estas criaturas viven su falta de *centro* a la espera de un polo de atracción. La familia, la universidad, los amigos del barrio (núcleos sociales del adolescente) han dejado de ser sus próximos en experiencia. También la geografía de un país, a la que el narrador, en más de una ocasión, invoca con nostalgia. Es decir, con un lejano deseo de recuperarlo. *'Oye, Dios, tú que tienes que ver con las galaxias (...), desata al fin a este pueblo anclado en las dunas, aunque su estómago está vacío será grácil su vuelo, suelta al llano de tu mano dura, tiéndele la otra, la que es amiga, dános un pueblo sin hambre que ya lo merecemos, haz que el desvelo reviente en cosechas. Muere con nosotros en la pampa y dános tu cercanía para estarnos contemplando"* —reza (¿increpa?) el narrador de "Días azules para un ancla", en *El entusiasmo*. *"¿Y qué pretendes?: ¿Que viva desnudo en el tejado?"*–, es el epigramático final del segundo libro de Skármeta.

Tiro libre: ¿búsqueda de centro?

Las propuestas de sus dos libros anteriores (vitalidad. quiebre de todo orden narrativo, neurosis sublimada en copulaciones, desarraigo y vagabundeo, nostalgia por una geografía lejana e inasible, solidaridad afectiva) van a recuperarse parcialmente en *Tiro libre* (1973). También la cotidianidad, el respeto minucioso de la conducta humana y la selección de episodios significativos, ese "gesto social" que para el teatro reclamara Bert Brecht.

La familia de inmigrantes de "Pescado" (relato que abre el libro) nos introduce, en una serie de gestos significativos (el orgullo viril de los abuelos, la indecible ternura del nieto-narrador), en la monotonía de un orden que se derrumba y frente al cual sólo cabe (derrumbe de la inocencia) un intenso gesto solidario. El orden narrativo, por otra parte, sigue siendo de una objetividad mesurada, esa discutible "impasibilidad" flaubertiana: no hay conducta *calificada:* sólo hay *gestos,* expresión de unos personajes en lo que *hacen* más que en lo que *dicen.* Aun en sus relatos más "comprometedores", el narrador de estas situaciones elude la conceptualización: es como si asistiera, no sólo impasible sino indefenso, al desarrollo de los gestos. Skármeta parece aceptar que la *participación crítica* es posible, para un narrador, sólo en la selección y ordenamiento de unos materiales, aquellos que estructuran el relato. En contadas ocasiones hay un "cogito" reflexivo.

De aceptar la afirmación de Ariel Dorfman ("ninguno de estos protagonistas puede cambiar la sociedad en que se halla; ninguno de ellos podría ser calificado de revolucionario (...); lo que desean es instalar los valores de la solidaridad a nivel individual en una sociedad donde todos están distanciados unos de otros"), la evolución del universo temático de Skármeta y su paulatina inmersión en la realidad inmediata (también en la historicidad), no sería otra que la selección de estos nuevos materiales.

Es posible, y provisionalmente me adhiero a este juicio, pero hay algo más: los individuos de este nuevo libro proponen la abolición de una conducta sin referencias ni centro significativo. Poco a poco, se mueven en *función de.* Están enfrentados y confrontados a algo más concreto y hondo que el simple desajuste existencial, que la simple búsqueda de una razón de ser o plenitud individual. Asumen su *historicidad.* La anuncian y la anulan, a veces. Si de alguna forma podría calificar las tensiones de estos cuentos sería llamándolos "temas de transición".

Es posible que dentro del proyecto narrativo de Skármeta se haya producido esa ineludible tensión entre una literatura marcadamente autobiográfica y otra que, en relatos de importancia histórica ("Primera preparatoria", "El cigarrillo"), se expresa en las nuevas tensiones del "proceso chileno".

Si al desquiciado lirismo de "Uno a uno" (hermosa imagen del amor y, a la vez, destrucción de la coherencia por acumulación de imágenes y mitemas de la sociedad actual) le oponemos la mesurada trivialidad de

"Pescado", a uno y otro podríamos ofrecerle, como contrapartida, otra objetividad: "Primera preparatoria". Ya el protagonista no está descentrado en función de una vaga aspiración de plenitud (física o existencial), oscilante entre el erotismo y la nostalgia. Está en la elusión de su historicidad. El hermano que hace las maletas y se opone al "orden de las familias" no lo hace buscando desatar los nexos opresivos de una supuesta autoridad paternal. Aquí la unidad familiar, además de su excepcional solidaridad, se define en la *Historia*. O mejor, en su politicidad:

– *"Dígale que es un reaccionario.*
– *"Está bien, papi. Ahora ábrame la puerta.*
– *"Dígale que no entiende nada. Que ésta es su casa. ¡Dígale que yo no lo eduqué cinco años en la Universidad para que se mande a cambiar allá a la isla de no sé qué puta madre! "*

El conflicto previsible en toda cotidianidad pre y posrevolucionaria se ha abierto. Las tensiones entre una y otra conciencia, entre una y otra adhesión. Y es curioso que Skármeta no haya propuesto estas tensiones en el manido esquema generacional: es el "viejo" quien entra en conflicto con el "joven"; es el padre (figura tradicional del orden conservado) quien se opone al hijo (imagen usual del orden anunciado). En la definición de esta historicidad se ha eludido la dramatización: el relato nace de apenas perceptibles tensiones cotidianas. Es más: nace de un orden cerrado (la familia) confrontado a un orden social posible (la revolución).

En "Enroque", la trivialidad del protagonista (el niño-bien-mimado-de-papá) halla su réplica en la vigilante militancia de otros jóvenes, integrados al proceso. El arma que en sus manos sirve al juego de una mitología alienante ("Esperaba oir las sirenas de las bombas y las ambulancias metiendo su ruido en la noche. En uno de los aviones irían Gregory Peck con Anthony Perkins" [...]), mitología que se quiebra al final con la sugerida homosexualidad del joven, no está en poder de los chicos que vigilan la consigna (1972: *Otro año por el socialismo*). ¿Es un "apolítico"? No, no lo es: en ese otro orden cerrado de la familia, el arma proporcionada como regalo de cumpleaños adquiere una significación: la burguesía ya no regala caramelos a sus hijos predilectos. Les proporciona instrumentos para su supervivencia amenazada.

A estas alturas de *Tiro libre*, las tensiones (autobiografía-historicidad) se han llevado a un grado de significación que decide la preponderancia de ésta sobre aquélla. "El cigarrillo", un relato cercano a la crónica o una crónica que la valoriza por la minuciosa construcción de personajes representativos (de nuevo el brechtiano "gesto social") permite a Skármeta mostrar hasta qué punto su temática se abre a una *politicidad* (que no *discursividad*) en la que la visión del mundo se elabora desde la perspectiva de un testigo nada impasible. No nos es posible advertir simpatía alguna por este muchacho proletario, en la inconsciencia de su situación (víctima de la ideología de sus explotadores). Se nos presenta, en cambio, su desdoblamiento: golpea bestialmente al joven manifestante de su propia clase social; ve crecer los remordimientos de un acto que no entra en su precaria irracionalidad; es finalmente prostituido por la madura y atractiva dama que lo lleva a la cama. La burguesía paga a su peón de brega con un precio irrisorio, esa patética entrega carnal, esa parodia del amor con que se cierra el relato. No hay enjuiciamiento moralizante en la presentación de este infame cuadro de la vergüenza. El símbolo de una clase (la dama lasciva que se abre de piernas al muchacho engominado que ha hecho el papel de "chien de garde", como decía Nizan) está confrontado con otro: la criminalidad del chico testimonia su dramática inocencia; ésta se trastoca en culpabilidad, celebrada por la dama: "Me tomaría otro poco de ese wiscacho" —pide el muchacho al final del relato, ante la satisfecha matrona de coño otoñal. Convertido en mercenario, descubrirá una moral: no es la suya (en él no hay intencionalidad sino la monstruosa deformidad de una víctima); es la moral de una clase que a su cobardía añade aquel "charme discret" de la prostitución.

Más allá de estas tensiones, otro movimiento se sugiere en *Tiro libre*. Si el desarraigo del hermano ("Primera preparatoria") anuncia un conflicto propio de toda transición revolucionaria (un ejemplo de conjunto podríamos hallarlo en la narrativa cubana más reciente y, particularmente, en los relatos de Antonio Benítez Rojo —*El escudo de hojas secas*— y Manuel Cofiño —*Tiempo de cambio*—) el sentimiento de culpabilidad se presenta en "París": desde el centro de una "fundación mitológica", Gregorio escribe manifestando su voluntad de regreso, es decir, de incorporación a un *centro* de significación histórica. Un doble movimiento (a todas luces dialéctico) se opera: el desajuste de quien parte y la voluntad de ajuste de quien prepara el regreso. A la falta de perspectiva histórica del hermano se opone la decisión de la participación del emigrante.

En este punto, tal vez me sea posible una conjetura: los cuentos de *El entusiasmo* y *Desnudo en el tejado* fueron escritos ante un vacío que permitía a sus protagonistas un solo y vicioso movimiento en la afirmación de su individualidad en la manifestación de esa solidaridad aludida por Dorfman. Pero *Tiro libre* ha sido escrito en el marco de un proceso abierto por la Unidad Popular. En otras palabras: las posibilidades de *otra* perspectiva se han abierto, una nueva visión del mundo ha hecho posible esta inequívoca politización de sus nuevos relatos. Politicidad (entendámonos), no discursividad. Skármeta sigue siendo fiel a unos recursos narrativos y a una certeza mediante la cual sólo la conducta humana, los comportamientos, los gestos y movimientos de sus protagonistas son capaces de diseñar, de dar forma a un nuevo sentido. Se trataría, en este caso, de una cuidadosa selección de aquellos "gestos sociales" más afincados en la movilidad colectiva de un país, gestos que en la dinámica de un proceso como el chileno, permiten una más clara delimitación de valores y expresiones sociales.

Una vez más (creo haberlo advertido en 1969 en mi texto incluido en la solapa de *Desnudo en el tejado*), enfrentado a tendencias mitificantes y retóricas de cierta narrativa (y su expresión parasitaria, cierta crítica), Skármeta parece desmentir esa virginal sacralización del lenguaje, fetiche que en manos de una inteligencia colonizada (o mimética) ha permitido algunos desencantos.

Si esta evolución, tan marcada en un autor como Skármeta, hace posible la aplicación de una sociología de la creación literaria, también permite repetir otra hipótesis: es en su permanente y compleja confrontación con la realidad objetiva como empieza a estructurarse esta novísima literatura. Ante su pausada y conflictiva historicidad, no hay retórica posible: esta seguirá ejerciéndose sólo sobre aquellas obras que son la aproximación aproximada de la fetichización de una "cultura".

1973-1976.

"TIRO LIBRE": EL VIAJE HACIA EL OTRO

Constanza Lira

Este trabajo se orientará en su concepción del fenómeno literario y por consiguiente en su metodología dentro de la nueva tendencia de la crítica que ha asumido la vinculación del arte a determinadas formas de la evolución social. Tanto al crítico como al escritor lo entendemos vinculado a un proyecto social y sus enfoques estarán ligados a una determinada concepción de mundo. De esta manera nos interesará más el proceso del fenómeno literario que su forma autónoma, las condicionantes sociales y culturales mediante las cuales se desarrollan determinadas literaturas y la relación que establece el artista con éstas según su proyecto vital. Esta nueva tendencia de la disciplina se ha desarrollado con mayor fuerza en los últimos quince años y cuyos más relevantes representantes aparecen recogidos en la bibliografía del profesor Alejandro Losada[1] en su obra *La literatura en la sociedad de América Latina*.

Dos acontecimientos históricos son la referencia imprescindible para comprender todo movimiento intelectual y artístico contemporáneo en América Latina (su producción, su proyecto vital, sus actividades y la recepción de sus obras en el lector) y para comprender el cambio de perspectiva artística que se opera en TIRO LIBRE respecto a sus dos libros de cuentos anteriores: "EL ENTUSIASMO" (1967) y "DESNUDO EN EL TEJADO" (1969): 1) El triunfo de la revolución cubana que significará el replanteo de las estrategias en las vanguardias políticas para alcanzar el poder y que serán puestas en práctica por los diferentes movimientos

---

[1] Alejandro Losada, *La Literatura en la sociedad de América Latina,* Lateinamerika-Institut der Freien Universitat Berlin, 1980.

guerrilleristas en el cono Sur (Bolivia, Argentina, Uruguay, Chile) y que serán aproximadamente en el transcurso de diez años sistemáticamente frustradas. Se agudizan también las apasionadas controversias entre los intelectuales sobre los problemas que plantea en los países dependientes las relaciones entre arte y sociedad, el compromiso del artista, la revisión del legado cultural y las exigencias de cambios temáticos, perspectiva y lenguaje. 2) En Chile, el triunfo de la Unidad Popular (1970) pese a su corta existencia provoca un cambio radical en las relaciones infra y supraestructurales de la sociedad. En el plano cultural se cuestiona la labor intelectual aislada de la universidad y se plantea su apertura a grupos sociales que no habían tenido acceso a ella, se inicia el proyecto de reforma educacional en las escuelas y se nacionaliza la editorial más importante, produciéndose a partir de ese momento tirajes de 50.000 ejemplares de libros al mes (anteriormente había oscilado entre los 2.000 y 4.000 ejemplares), se amplía la distribución de libros a las fábricas y quioscos callejeros vendiéndose así en menos de seis meses la fabulosa suma de 1.000.000 de libros, hecho insólito en la historia cultural chilena. Este nuevo desafío tiene una honda repercusión en la intelectualidad chilena y pone a prueba la capacidad vital del artista al elegir unirse al torrente portentoso de cambios sociales o rechazar y aislarse de éstos. Elegir trincheras ideológicas es la inminencia de todo vuelco político radical que impregna no sólo los estratos más amplios de la sociedad sino penetra hasta los más íntimos círculos y relaciones humanas: la familia, los amigos, los vecinos, etc.

TIRO LIBRE se publica en 1973[2] cuando el proceso de la Unidad Popular en Chile tiene más de dos años de existencia. En este libro está ya registrada la nueva propuesta de libertad que ha abierto la contingencia política del país: el destino individual cobra significación a partir del destino colectivo y éste se juega en cada vida particular. Los personajes de EL ENTUSIASMO y de DESNUDO EN EL TEJADO se debatían buscando su identidad y el ejercicio de su libertad en el ancho espacio del viaje, la música y el sexo, aventuras cuyo sentido define el verso de Saint John Perse del libro que pesa en el bolsillo del joven escritor del cuento *"La Cenicienta en San Francisco"*[3] : "Un tiempo de alta fortuna, cuando los grandes aventureros del alma solicitan paso en la calzada de los hombres, interrogando a la tierra entera sobre su era, para conocer el sentido de ese muy gran desorden". Esta aventura desencadenaba experiencias sin proyección posible más allá del instante, sin otro arraigo que la nostalgia que deja la intensidad en el tomar y abandonar azaroso, sin otra fe que la del "yo"

---

[2] A. Skármeta, *Tiro Libre*, 1973, BsAs. Editorial S. XXI.

[3] En *El Entusiasmo*, Santiago, 1967, edit. Zig-Zag.

voluntarioso. Los personajes de la segunda parte de TIRO LIBRE encuentran explicación a aquella percepción velada y extraviada del "orden" del mundo a partir del condicionamiento recíproco entre individuo y sociedad. Orden o desorden del mundo tienen su identidad precisa y su fisonomía clara en la capacidad del hombre para transformar o conservar los atributos de un sistema político y social.

Las condicionantes históricas bajo las cuales se escriben los dos libros anteriores a TIRO LIBRE no dejaban a una conciencia no politizada otra opción libertaria que la ofrecida por el sistema, a saber, la hazaña emprendida individualmente contra el determinismo de un destino socialmente frustrado.

Durante los años del gobierno popular la discusión sobre la necesidad del compromiso del intelectual con la lucha antiimperialista se había trasladado a primer plano nacional y continental. El grado de radicalización de la lucha de clases empuja a las capas medias chilenas a solidarizarse con las reivindicaciones del proletariado o las de las clases dominantes. Esto explica el nuevo partidismo de la realidad que toma el proyecto estético de Skármeta en TIRO LIBRE (y su consecuente proyecto vital, praxis que comentaremos enseguida). Pero este cambio no habría sido posible si en la prefiguración de este proyecto, aún siendo la creación y el erotismo las únicas respuestas a la angustia de muerte que amenaza a toda soledad, a toda unidad separada del todo, no hubiera conllevado en la forma de responder a la contingencia no una determinación y un límite sino una necesidad de poder cambiarla. Esta necesidad de la contingencia a la que se abandonan libremente los personajes de sus primeros cuentos la sintetizan en la reiterada frase "qué iba a hacerle" significativa de la aceptación de las categorías coexistentes vida/muerte[4] pero también y más determinante, la actitud básica desde la que el narrador enfrenta el acontecer: la humildad, la aceptación del desorden dinamizador y creador del azar en la contingencia que exije a sus personajes un abordaje a la realidad más que precaución o abandono. Este elemento de apertura y vitalidad de una conciencia es indispensable para adherir a una contemporaneidad como hombre y como artista. La elaboración de ese estar en el mundo, de la forma y relación que establece el artista y su obra con él, no es expresión y elaboración privativa de un talento sino está prefigurada en la sociedad, en la colectividad y que

---

[4] Ariel Dorfman en su artículo "¿Volar? Un estudio en la narrativa de J. Edwards y A. Skármeta", *Revista Chilena de Literatura 1, año 1970, Universidad de Chile,* comenta lo siguiente: *"La frase ' ¡qué iba a hacerle! ' que traspasa todas las narraciones de Skármeta es una resultante de esta posibilidad de ganarse voluntariamente al movimiento* —enfermizo y glorioso— *del todo, que incluye muerte y vida aceptadas como categorías coexistentes. Se justifica así ir en la dirección que de todos modos (aún con ironía) se habría tomado."*

mediante su estimulación en el individuo (el escritor) le ofrece para su desarrollo.

De esta manera nuestra primera pregunta ha sido de qué vivencias y experiencias históricas puede surgir una propuesta de libertad como la que se anuncia en TIRO LIBRE y que posteriormente desarrollará Skármeta en su primera novela, SOÑE QUE LA NIEVE ARDIA, cuando la forma del relato corto se vuelva insuficiente para abarcar la plasmación de una realidad tan compleja y rica del Chile de esos años. En parte hemos ya contestado la pregunta. Pero faltaría agregar algunos datos importantes sobre la actividad que Skármeta ejercía como intelectual en esos años en su país, y que lo ponen en contacto con la efervescencia política y con el resto de los intelectuales y artistas que adhieren al proceso.

Skármeta ejercía como profesor de literatura chilena e hispanoamericana en la Facultad de Filosofía y Letras de la Universidad de Chile. Esta institución cultural ya había experimentado en 1968 su más grande crisis estudiantil y en el momento de su actividad docente los centros de alumnos habían pasado a manos de la izquierda proclamando la unidad obrero-estudiantil, tomando participación activa en ocupaciones de fábricas y en la concientización de los trabajadores.

Por otra parte, era activo miembro del comité de redacción de la revista QUINTA RUEDA que publicaba la editorial Quimantú entre los años 72 y 73. Esta revista intentaba aportar a la discusión y reflexión sobre la política cultural del gobierno popular.

TIRO LIBRE está formalmente estructurado en tres partes que corresponden a tres preferencias temáticas: lo biográfico, social y fantástico, tendencias que serán retomadas en su primera novela bajo un argumento central desarrollado sobre la base de tres personajes de tres cuentos de TIRO LIBRE ("El último tren", "Balada para un gordo" y "Profesionales").

Los cuentos que forman la primera parte de este libro recogen la antigua problemática del joven adolescente consumido por el hastío de la provincia con signos de parálisis y muerte que sublima en la sensación erótica y la ensoñación del viaje. El cuento que inicia el libro, "Pescado", inaugura a su vez una nueva perspectiva desde la que se observa el mundo. Si bien el narrador es siempre un "yo", el objeto de su observación se desplaza fuera de sí mismo recayendo en las figuras de sus padres y abuelos, personajes de la frustración de una clase media provincial, viejos emigrantes que agotan el resto de su dignidad en riñas familiares provocadas por la promiscuidad de la pobreza. Esta asfixiante atmósfera de triste pueblo nortino que se funde en una misma espesura con sus destinos humanos afortunadamente es el paisaje de fondo de otra conciencia, la del nieto que narra el melodrama familiar con un distanciado pudor porque lo que descubre a su alrededor no es fundamento de su existencia sino aliciente para una búsqueda que inicia en el sexo y el viaje que ahuyentan la parálisis: "Tuve ganas de dejar que los abuelos se marchitaran solos. Que fueran una sola melaza negra y vieja abandonándose en las calles baldías. Podría irme a los Baños Municipales (...) jugar con las chicas del barrio y hundirlas bajo el agua y sumergirme con ellas y agarrarlas de la cintura, y rozarles los senos... (pág. 27). "Algún día yo me mandaría a cambiar de ese pueblo. Viajaría al sur y me comería un melón helado bajo un árbol ancho. Me imaginaba los árboles como toros. Aquí no veía animales. Las polillas que taladraban las maderas de los almacenes. Las ratas." (pág. 26-27)

Aún cuando en este cuento el objeto de reflexión cuyo conflicto remueve aguas donde el último círculo no se agita más allá de la ruptura familiar, siendo la naturaleza la única realidad para el sujeto (no sucede así en "Primera Preparatoria" donde el conflicto familiar está enmarcado en un contexto político), en el temple básico de este narrador, la ternura y el amor hacia la fragilidad de esos destinos humanos, está el comienzo para una comprensión del mundo donde acto individual (amor hacia sí mismo) y acto social (amor a los otros) son dos fuerzas que en su atracción y rechazo simultáneo son de un condicionamiento recíproco.

El segundo cuento de esta primera parte, "El último tren", es la articulación de los planos de esencia y apariencia de la realidad jugados en forma simultánea mediante dos momentos de la fábula: la partida del personaje a Santiago y el juego de billar. Del tratamiento de la fábula, del orden en que suceden los acontecimientos, deliberadamente confundidos, resulta la percepción ambigua para el discernimiento de lo auténtico o lo inauténtico en el plano del acontecer. Es importante establecer que esta ambigüedad afecta sólo el nivel de la verosimilitud de lo acontecido y no se traspone al plano de la valoración de mundo. Verdad y mentira son claramente discernibles en la realidad representada mediante un tercer momento de la fábula: la historia de amor del narrador. Es allí donde podemos distinguir el desfasamiento entre su interioridad y exterioridad, entre su íntima inseguridad frente a su novia y el padre de ésta y el temple de arrogancia cuando debe enfrentarse a las pautas de conducta sociales que le impone el medio, el grupo de amigos en la sala de billar.

El cuento se inicia con la partida del personaje a Santiago y las imágenes de su vida en el pueblo que queda atrás mediante un flash-back que desata el movimiento del tren. Pero luego se produce un desdoblamiento del personaje donde se ve a sí mismo entre sus amigos y que termina con la siguiente afirmación del narrador-personaje: "Porque en este sueño, esta vez yo parto." La inquietud en el lector se acentúa, sin poder distinguir entre fantasía y realidad, mediante la intercalación inmediata de los momentos del juego de billar y su partida: "Mariconcito, dijo, el taco se me fue atrás en medio del salón, no estabas tú, Beto, pero las luces sí, pero el tablero ahora expandido hecho un mapa, aquí Santiago, Puerto Montt, Valdivia, la Argentina, yo tomaba ahora un tren, mi brazo sacudiéndose, la tela de mi saco desteñido rozando el borde de la madera, diez veces, la abuela me besaba con sus dientes fríos, un beso de polvo facial, la valija repleta de mis libros favoritos, el brazo se abalanzó como una lanza resbaló sobre la bola expertamente, la azul fue a estrellarse en un margen de la tronera y repicó tres veces sobre el tablero hacia el centro." (Pág. 46)

La función de este tratamiento de la fábula alude así a la caracterización del personaje, a su cualidad de trampear la realidad en función de la imagen que quiere darse socialmente y no a la prefiguración del mundo como la ininteligibilidad entre verdad y falsedad. La tendencia, según la cual diferenciamos entre la conciencia del personaje y la realidad independiente se delimita claramente en el momento de la discusión entre el personaje y el padre de la novia que le reprocha su ocio e indiferencia frente a la situación social, evidencia incómoda que el narrador sublima en el código machista del grupo de amigos.

El acto de este personaje de sublimar en la fantasía la constante frustración de su destino queda manifiesta en el final del cuento:

"—Comencemos un nuevo juego —dije, dirigiéndome al marcador para las bolas jugadas.

Beto vino a agarrar aquellas bolas que no cupieron en mis manos. Yo las desordené sobre la felpa y levanté la vista buscando a Pedrito, el mozo de turno nochero. Los distraje de un partido de la mesa final y le pedía una pílsener.

—¿Qué te pasó? —preguntó el Toto, entonces.

Fui ordenando las bolas chicas en el sector que estaba.

—Tuve una discusión con el viejo. Lo mandé a la mierda.

El Toto suspendió la ubicación de sus bolas y me miró curioso.

Yo aparté la vista y me apoyé sobre el taco. Con la mano izquierda me desprendía de un tirón la corbata.

—Esa cabra no me sirve —dije.

Balanceé mis palabras, calando de dos pestañeos su impacto.

—Es media putona —agregué.

Beto dispuso la blanca para sortear la partida.

—¿Y qué piensas hacer?

Aspiré hondo mirando la mesa perfectamente ordenada.

—Juguemos —dije." (pág. 53)

Comenzar un nuevo juego es para este personaje partir y cerrar el capítulo del desencuentro consigo mismo en el acto inútil y desesperado de fantasear la iniciativa de un destino bloqueado y paralizado en la realidad.

Este personaje, antecedente del personaje central de SOÑE QUE LA NIEVE ARDIA, Arturo, inicia su verdadera partida recién en la novela.

"Uno a Uno", el último cuento de esta primera parte del libro, condensa la comprensión última y acaso más desgarradoramente lúcida de este período de la creación de Skármeta: el ejercicio de una libertad donde mortalidad y sexualidad son los signos vitalizantes de una realidad cuyo único dominio verdadero y comunicante es el cuerpo, el único territorio personal y existente entre los despojos de la triturante maquinaria social que los personajes de estos cuentos conquistan para sí como una jubilosa adquisición. Esta respuesta urgente de sobrevivencia toma en este cuento un relieve especial a partir de la evolución que se tiene de la conciencia del espacio desde el cual se conquista esta autodeterminación. En "El joven con el cuento" de EL ENTUSIASMO, este espacio es natural, es la prolongación armónica en el cuerpo de la tierra y la extensión del horizonte donde el silencio y la soledad son mundo y no desgarramiento de un vacío urbano de pausa dominguera en piezas de hoteles donde comienza el juego del amor entre los dos personajes de "Uno a Uno" y que termina con la muerte de la muchacha, tan fortuita como el dinero ganado por el joven escritor, personaje-narrador, y que despilfarran juntos, o como la súbita sorpresa del amor y del encuentro cuando no se espera. En este cuento el espacio se ha culturalizado, se ha transformado en conciencia del sofisticado espectáculo del mundo donde la identificación que funda su libertad es vigilia y distanciamiento irónico que conduce al juego, a banalizar la sospechosa seriedad de la actividad humana y sus instituciones familiares, políticas, culturales.

La constelación de imágenes que desarrolla el narrador al inicio del cuento es más abarcadora que en otros cuentos donde se da esta entrega de mundo (la inmersión de un contexto particular en uno universal) en los mismos términos: visión apocalíptica del mundo. En este contexto, el íntimo conocimiento del cuerpo se abre paso entre la atomización e incongruencia a la manera de un blindado, como única expresión de lo integral.

Cuando decimos que la entrega de mundo es más abarcadora aquí que en cuentos anteriores no nos referimos al grado de lucidez con la que se explica el mundo, no quiere decir la puesta en relación de esas imágenes con la que se le nombra, sino acumulación, porque cada elemento permanece aislado emitiendo su halo propio de locura y sin sentido y desde donde consecuentemente es imposible otra comprensión de sí mismo que un destino cuyo origen y fin es un como individuo frente a otro individuo.

A este respecto el título del cuento es significativo. El personaje femenino no es el receptor más o menos inconsciente de lo que se juega en el encuentro sino activo participante, un verdadero contendor (en la jerga futbolística: marcador uno a uno) que contrapone su juego en los mismos términos de libertad que el narrador: "Estaba con todo y contra el mundo. Contra mí mismo. Contra mi amante. Contra mi padre. Contra el capitalismo y la filosofía y la política y la literatura vigente." (pág. 81)

La segunda parte de TIRO LIBRE lleva el subtítulo "En el área chica", y lo encabeza un epígrafe de un discurso de Salvador Allende que alude a la sedición de la derecha, tema de dos cuentos de esta sección del libro.

"Primera preparatoria", el primero de estos cuentos trata dos motivos tradicionales de la literatura universal, el conflicto padre-hijo y la rivalidad entre hermanos, pero planteados en términos del partidismo político a que obliga cada gesto personal ante la inminencia histórica. El narrador, desde la perspectiva del hijo menor, relata el momento de la partida del hermano mayor al extranjero para ganar dinero. Este hecho significa para el padre el abandono del deber histórico de permanecer en Chile y comprometerse con el proceso de cambios. La lucha entre las viejas ideas (representadas tradicionalmente por el padre) y las nuevas (el hijo) están aquí invertidas pues no se trata de un conflicto generacional.

Dos cuentos, "Enroque" y "El cigarrillo" tratan el tema de la sedición de derecha desde la perspectiva de un joven de familia burguesa y desde la de un hijo de pobladores.

Entre el 4 de septiembre y el 4 de noviembre (período en que la Unidad Popular firma el estatuto de garantías constitucionales y el congreso en sesión plenaria confirma el triunfo de Salvador Allende) comienza en Chile el sabotaje económico, el pánico financiero organizado y el terrorismo de derecha. Las características comunes a ambos personajes de estos cuentos son la marginalidad social y la utilización perversa de poder en el sometimiento y dependencia de una conciencia de escasos recursos de lucidez. El carácter marginal de esta actividad sediciosa, donde la soledad, la desconfianza y el miedo son el callejón que atraviesa esta conciencia desarraigada contrasta con el espacio libre y solidario de una actividad común que emprende el resto de los hombres.

En el nuevo compromiso que la fuerza de las circunstancias impone al intelectual la contingencia política, obligan, como señala Carpentier[5] al tratamiento en su narrativa del melodrama, el maniqueísmo y el compromiso político. El papel del escritor latinoamericano que vive en el umbral del siglo XXI, será así el del cronista.

En cuentos como "Pescado" o "Primera preparatoria" el hilo que separa la intrascendencia de la significación es la maestría narrativa, el manejo de los actos de actuación y reflexión como procesos conjuntos en sus personajes.

---

[5] Alejo Carpentier, *La novela Latinoamericana en vísperas de un nuevo siglo y otros ensayos,* Siglo XXI, 1981.

La forma maniqueísta que toma el mundo viene a ser una necesidad impuesta por la historia y que Carpentier en el ensayo ya mencionado explica de la siguiente manera: "Nos cuesta trabajo observar que la historia toda no es sino la crónica de una inacabable lucha entre buenos y malos. Lo que equivale a decir: entre opresores y oprimidos".

En "Balada para un gordo", la oposición aislamiento-unión no aparece dependiendo directamente de la relación con el grupo social como forma manifiesta de conflicto a resolver en función de lo que se entiende por libertad, sino que ésta surge, irradia y domina desde el contenido mismo de conciencia de un personaje, el Gordo, y que es lo que le permite enfrentar con soltura y distanciamiento problemáticas intimistas que para individuos sin dicha perspectiva se vuelven universos cerrados, bloqueados por la falta de visión de conjunto. La fascinación que este personaje ejerce sobre el narrador y los compañeros de clase en la escuela, no se origina tanto en los contenidos políticos de su actuación sino en el dominio de las relaciones con el sexo, la amistad, la disciplina escolar, ese universo de problemas adolescentes que insertos en una perspectiva más abarcadora del hombre permiten su relativización.

Los dos últimos cuentos de TIRO LIBRE, "París" y "Profesionales" son el ejercicio de la libertad en el lenguaje, no siendo éste la búsqueda de una expresión que amalgame la fantasía y la realidad producto de la dificultad de interpretar una realidad cada vez más compleja, una fisonomía cada vez más original y única de metrópolis latinoamericanas cuya definición de ser devino en la intelectualidad de los años cincuenta (Carpentier, Lezama Lima, Cortázar, Borges, etc.) problematización de la convivencia mito-fantasía-magia-realidad cuya desbordante presencia se tradujo en la extraordinaria creación que los caracteriza. Tampoco hay tensión, entre excepcionalidad y sistema sino anarquía lingüística donde la imagen va soltando la anécdota como en un libre juego, surgiendo ésta no desde una reflexión sino desde una inmediatez lingüística, de un tomar la palabra como las cosas que nos rodean sin alterar su relación significativa que ya en sí resulta suficientemente inquietante y que deviene contrasentido, paradoja, ironía. No media aquí una inteligencia sino antes que nada una intuición poética. El paisaje de estos cuentos son trastiendas de bares, pensiones, baldíos, cunetas y barracas y los diálogos jirones de palabras entre alcohol y sueño desde donde se desdibujan las fronteras de tiempo y espacio. La incoherencia y el delirio que encierra esa marginalidad, la ambigüedad que se aproxima a una nada en los signos comunicantes de ese mundo sin duda arrancan de Beckett[6] en su manifestación cultural pero a

---

[6] Grínor Rojo, "Una novela del proceso chileno: *Soñé que la nieve ardía*, de Antonio Skármeta". *Cuadernos Americanos*, México, Núm. 3, mayo-junio 1977, vol. CCXII.

su vez son personajes de la historia de lo que Eduardo Galeano ha llamado "la mayoría de derrotados", del ejército de cesantes y semidesocupados que viven hacinados en los cordones de miseria que rodean las grandes urbes latinoamericanas.

Asimismo, la forma paródica es aquí la forma más adecuada a la gran farsa que impone la sobrevivencia en ese mundo que a su vez es parodia de otro a pocos kilómetros de distancia, el de las clases altas. En la ironía popular del nombrar media ya la conciencia del abismo que hay entre esa farsa y la realidad misma. De esta manera, más que la manifestación de un límite en el género literario viene a ser la expresión ineludible de una realidad propia y particular.

UNA NOVELA DEL PROCESO CHILENO:
"SOÑE QUE LA NIEVE ARDIA"[1]

Grínor Rojo

"... Veo la América del Sur en un temblor. Aún no logro ver claro. Sabe Vd. que no creo en la mano militar para cosa alguna. Dios ayude a los buenos.

Recuérdeme algo que me preocupa desde hace años: Procurar que nuestra gente vea, palpe y comprenda que nuestra raza está dando no sé qué clase de cultura que en nada mejora sus instintos crueles. De esto recuérdeme usted. Es una llaga parece la vida de nuestros pueblos en cuanto al simple amor al prójimo.

Ni el escritor ni el artista ni el sabio ni el estudiante pueden cumplir su misión de ensanchar las fronteras del espíritu, si sobre ellos pesa la amenaza de las fuerzas armadas, del estado gendarme que pretende dirigirlos. El trabajador intelectual no puede permanecer indiferente a la suerte de los pueblos, al derecho que tienen de expresar sus dudas y sus anhelos. América en su historia no representa sino la lucha pasada y presente de un mundo que busca en la libertad el triunfo del espíritu. Nuestro siglo no puede rebajarse de la libertad a la servidumbre. Se sirve mejor al campesino, al obrero, a la mujer, al estudiante, enseñándoles a ser libres, porque se les respeta su dignidad..."

Gabriela Mistral. Carta a Benjamín Carrión

---

[1] Pude leer el manuscrito de esta novela en septiembre de 1974, en Buenos Aires. En su redacción inicial, el presente trabajo se apoyaba en las notas que entonces tomé. En el mes siguiente, en octubre, creo que es útil consignarlo, fue cuando la

1

Compuesta a partir del entrelazamiento de tres historias con relativa independencia e historias que se unen en virtud de su coparticipación en un mismo marco espacial y temporal, *Soñé que la nieve ardía* es, en primer término, una aguda cuanto indispensable novela del proceso chileno. La primera gran novela de ese proceso, el primer esfuerzo que se hace por recapitular, conjunta y literariamente, aquella poderosa experiencia una de cuyas notas más características fue la variada y en verdad arrolladora extensión de su influjo. Personajes pertenecientes a tres posibles estratos sociales se reúnen así, en la capital de Chile, en una pensión del barrio San Eugenio (calle "Antofagasta"), en los últimos tiempos del Gobierno Popular. En rigor, incluso este deslinde podríamos hacerlo retroceder todavía un poco más si se reconoce la pertinencia a la anécdota del relato intercalado de los amores entre El Gordo y La Mari y con cuyo ingreso el encuadre espacial y temporal básico se distiende hasta abarcar también consigo algunos de los meses de la campaña eleccionaria de 1970. Tres posibles estratos

---

revista *Crisis* publicó la primera de sus dos series de reportajes a exilados:
— ¿Tuvo lo que podríamos llamar período de adaptación?
— No. Yo aquí no necesito adaptación.
— ¿No necesita porque se siente bien?
— Ni pienso cómo me siento. Mi familia se va para un país socialista y yo vuelvo a Chile.
— A pelear.
— O a morir.
María Esther Giglio. "Los desterrados". *Crisis*, 18 (octubre, 1974), 26. Poco tiempo después, en combate contra los soldados de la dictadura, caería Miguel Enríquez en las afueras de Santiago. En Buenos Aires, la situación no era mejor. El 7 de octubre, una bomba "plantada" en su automóvil la noche antes, acabó con la vida del General Carlos Prats. En medio de todo esto, en aquella tenebrosa estación del exilio, se fue escribiendo esta novela, la que sin embargo no es, y esto mucho me importa, una desesperanzada elegía.
Cito por la edición de Barcelona. Editorial Planeta, 1975.

sociales, tres líneas de intriga y una disposición en la que los estratos y las líneas exteriores buscan converger sobre el estrato y la línea central. Primera amplificación de orden semántico; asistiríamos aquí a una propuesta de rescate, como seguro reflejo, aun cuando no exento de las peculiaridades que por antonomasia afectan a un producto de esta índole, de ese complejísimo juego de interrelaciones que en el proceso chileno se establecieron entre la pequeña burguesía, el proletariado y una cierta forma de la marginalidad;[2] aquellos sectores que impulsaban el proceso y aquellos que eventualmente tuvieron que definirse a favor o en contra suya componen, de acuerdo a este esquema preliminar de lectura, el repertorio humano de la novela. La línea central convoca a los primeros; las líneas exteriores, que de este modo fluctúan entre el alejamiento y la convergencia, a los segundos. El desarrollo de la novela se lleva así a cabo mediante la narración de al menos algunas de entre las numerosas vicisitudes perceptibles en las vidas de quienes encabezaran la jornada, tanto como a través del cambio, o no cambio, operado entre aquellos que, sin haber sido sus iniciadores, pudieron, sin embargo, aceptarla. Pero ésta no es más que una primera expansión y en extremo esquemática, como ya dije. Porque ni la historia de Arturo es, en sentido estricto o puramente, la historia de la pequeña burguesía; ni la de El Gordo, El Negro y los otros, sola o exclusivamente la del proletariado; ni la de El Señor Pequeño y El Angel (o La Bestia), la de una cierta forma de la marginalidad. Cada una de ellas es eso y más, mucho más.

2

Por ejemplo, la historia de Arturo. Arturo es, de nuevo, reeditando un tipo de recurrencia habitual dentro de las obsesiones de Skármeta, el "artista cachorro". "The artist as a young dog", según el burlesco decir de Dylan Thomas. Su virginidad sexual es virginidad total. Su condición de futbolista, siendo el fútbol intuición, dibujo, don y coraje, un modo del arte. Se comprenderá así por qué en este ensayo sostengo que su aventura retoma una especulación antigua e inaugurada por Skármeta en cuentos como "Giro incesante", "La Cenicienta en San Francisco", "El joven con el cuento", "Una vuelta en el aire" o "Basketball". Más todavía, se trata de una especulación que es preciso convenir en que para Skármeta continuaba

---

[2] Reparemos en que ésta es una identificación sólo aproximativa y que no reduce del todo la complejidad de los grupos que pretende designar. Por lo demás, se admitirá que ninguna lo hace, visto que la realidad es siempre más rica que sus designaciones. En lo que hace a nuestro texto la identificación en clases (o subclases: "fases", para el caso es lo mismo) se refiere a ese movimiento dialéctico que, en el curso cambiante de, una coyuntura crítica se establece sobre todo entre psicología y con ciencia de clase.

estando abierta[3] y que por ello ahora, además de retomarla, la corrige y desborda. De esta manera el asunto de fondo que en la actualidad le preocupa no es, como otras veces, el intimista misterio del ejercicio poético —aquellas relaciones, otrora enigmáticas, entre la Potencia y la Obra—, sino el vínculo, de pronto imperioso, por la nueva actitud que de él reclaman las circunstancias en torno, entre la Potencia y la Historia. En el registro de un quehacer disociado entonces, quehacer que se parangona y contrasta a una alternativa accesible de descubrimiento del otro, es que encontramos esa antinomia fundadora sobre la cual se asentarán los demás planos que dilatan verticalmente la novela hasta llegar a hacer de ella un sistema significativo de superior validez. Arturo sostiene en parte este nivel primigenio, el que no tarda en replantearse inserto en un amplio tejido de correlaciones. Su propio escrutinio se encauzará, supeditado al ensanche de la perspectiva, a lo largo de un curso bimembre y cuyas significaciones se establecen por medio de la incierta orientación de sus respuestas ante el asedio cotidiano de un doble dilema. Con una virginidad que a sí misma se debe el allanar el camino hacia un más profundo acto de entrega, ello a riesgo de preservarse por siempre, suspendida e intacta, y con una actividad, la del artista, que estaría procediendo a una histórica mudanza de su cumplimiento, hacia el cumplimiento en común y al cual los supuestos de la novela sancionan como la mejor o más bien la única esperanza que el oficio del creador tiene de no prosperar siendo un objeto de los torpes trapicheos de la feria. Las acciones de Arturo podrían sintetizarse de este modo mediante su recolección en el casillero en abstracto de dos verbos nucleares. Estos verbos son vincularse y crear. Reproducirse en los otros y reproducirse en las cosas. Alusivos ambos verbos a una oportunidad de desensimismamiento, a una ocasión de "irse hacia afuera", es claro que ellos ratifican el nexo que existe entre la historia de Arturo y la historia paralela del grupo de clase en el que éste se integra. Como para Arturo, también para ese grupo de clase el desafío consistirá en redefinir, en las condiciones que las nuevas circunstancias determinan, el sentido más profundo de su ser y de su hacer. Arturo vive así su vida, pero vive además, tácitamente, la vida de ellos. La aventura de sus pares se superpone al diseño de su propia aventura. Las opciones de ellos, a sus propias opciones. Es decir que si bien es cierto que los elementos de esta fábula se organizan distribuidos en un campo semántico específico, y que es el que dice relación con el para Skármeta apremiante problema de la función social del arte, no es menos cierto que este mismo campo no llega a agotar el espectro de sus significaciones potenciales sino hasta habérsele dispuesto

---

[3] Véanse "El último tren", "Primera preparatoria" y "Profesionales" en *Tiro libre*. Buenos Aires, Siglo XXI, 1973, pp. 33-53, 89-102 y 191-206, respectivamente.

integrado y rotando dentro del perímetro complementario, a la vez que más vasto, de otros campos semánticos mayores. Parábola de las tribulaciones del "artista cachorro" en un mundo que cambia, el doble dilema de Arturo acaba así por hacérsenos simbólico y su repliegue, trascendente. Temeroso repliegue en el cual, y a despecho de las incitaciones del contorno, insiste sin embargo en refugiarse, dando curso con ello al aflorar de una actitud que es menos su obra que la obra indirecta de una conciencia heredada. De aquí sus tanteos parciales. De aquí, también, sus resoluciones ambiguas. Gana y pierde. Triunfa y es vencido. El cuerpo de Susana le acogerá finalmente, mas como una muda e inhibitoria demostración de esplendidez que ella le hace a sus carencias. Los aplausos del estadio, como el disimulo a la tasación, fría y certera, por parte de sus dueños posibles, del juguete exhibido.

3

Procedo a recordar en lo que sigue a un célebre maestro de Arturo. Provinciano como él, llega a Santiago allá por los años cincuenta del siglo pasado. Como Arturo, o en realidad con otro atuendo, sin la malla al hombro pero con un traje y unos zapatos indiscretos y los que ya desde lejos denunciaban su origen, acude a lo mismo que su joven discípulo ciento y pico años más tarde. Acude a apostar y a ganar. Muy otra es sin embargo su suerte. Así Martín Rivas, sin más credencial que sus virtudes, esas "nobles virtudes del corazón" con las que respaldara además su propio juego el romanticismo pipiolo de Blest Gana,[4] logra hacer suyo el amor de Leonor; y, también, sin más auxilio que aquellas virtudes (¡y ya se ve qué vieja coincidencia es ésta de que un sólo talento responda por parejo al empleársele en la ejecución de dos labores tan diversas!), alcanza el *status* social anhelado. Proyecto de "caballero chileno", Martín se instala, sin quebrarlo, en el cuadro social. Siendo él mismo un ardiente discípulo de Sorel y Rastignac, su apuesta, que renueva la de ellos, culmina, no obstante, en un buen desenlace. Maestro de juventudes, los años depararán a su historia un enorme prestigio. Harán de sus máximas un catecismo a la mano para uso exclusivo de estudiantes sagaces. Uno de ellos es Arturo. Este Arturo que, a pesar de saber la lección como nadie, cosecha, al aplicarla, humillantes reveses:

---

[4] Dice Blest Gana, en su "Dedicatoria" de *Martín Rivas*:

> su protagonista ofrece el tipo, digno de imitarse, de los que consagran un culto inalterable a las nobles virtudes del corazón.

Alberto Blest Gana. *Martín Rivas*, 8ª ed. Santiago de Chile. Empresa Editora Zig-Zag, 1961, p. 7.

Sobre *Martín Rivas* y la aclimatación de la novela burguesa en Chile, dos trabajos excelentes: Guillermo Araya, "El amor y la revolución en *Martín Rivas*". *Bulletin Hispanique*, LXXVII, 1-2 (Janvier-Juin, 1975), 5-33; y Jaime Concha, *"Martín Rivas* o la formación del burgués". *Casa de Las Américas*, XV, 89 (marzo-abril, 1975), 4-18.

Ella lo había visto jugar, aprendió con sus propios ojos encendidos la música de su gambeteo, la admiración de los chicos del club, la gula del entrenador. *El era alguien.* ¿Si la tocara? [5]

La vieja estrategia de Martín se repite de este modo, una vez más. Los merecimientos de Arturo están a la vista. A la gula del entrenador debería suceder, y cómo no, la gula de ella. No ocurre así, sin embargo:

> — ¿Y qué tienes tú para que yo te quiera? ¿Quieres hacer el favor de decírmelo? [6]

Renuente a los buenos oficios de Martín, y renuente también al fiel discipulado de Arturo, la realidad se resiste esta vez a la aplicación de sus códigos. Hay algo en ellos que ya no funciona; que ha perdido, se nota, su secular eficiencia:

> — ¿Sabes lo que pienso que eres? —le dijo suave e intensa, como buscando que las palabras lo mojaran con la contundencia de una lluvia, y lo calaran, y lo mordieran, y se le quedaran impregnadas allá dentro de esa caparazón atlética, mientras él pesaba el rictus de sus labios y desviaba la vista hacia el bus.— Pienso que eres un maricón. Eso es lo que pienso. [7]

Como concentración del cauce de una de las dos direcciones a través de las cuales se moviliza la historia de Arturo, al mismo tiempo que como comprobación en el texto del fundamental desajuste que en esta historia se elabora entre las preconcepciones del personaje y los datos concretos de una realidad sometida a los vertiginosos azares de un proceso de cambio, me parece que los párrafos más arriba transcritos son un buen testimonio. Los reveses de Arturo son una consecuencia de este para él ignoto desajuste; se deben a aquellas dificultades que ante él se levantan en cuanto procede a hacer compatible la sólida rigidez de sus prejuicios con la índole revolucionaria y proteica de la nueva realidad. Naturalmente que este mismo fenómeno es posible observarlo también en la otra de las dos direcciones de su desarrollo (recordemos que nuestra afirmación inicial aludía a la progresión de la historia a lo largo de un curso bimembre y esto es, a lo largo de un doble sistema de opciones en el que las alternativas que se favorecen a un lado anticipan, sin nombrarlas, las preferencias en el otro), por lo que no creemos que valga la pena examinar sus elementos ahora. En cambio, sí vale la pena, y a ello obedece la invocación que en este apartado hemos hecho de la figura tutelar de Martín, empezar a sentar desde ya las necesarias premisas de una especulación adicional. Recortados en el tras-

---

[5] Skármeta, *Soñé*, 51.

[6] *Ibíd.*, 62.

[7] *Ibíd.*, 54.

fondo de la tradición, contrapuestos a la imagen legendaria del maestro, no cabe duda que los reveses de Arturo tañen campanas de exequias. Anuncian la muerte de un héroe, muerte mítica empero, ya que la liberalidad y el buen deseo skarmetianos se esforzarán por redimir al futbolista al llegar a las últimas líneas de la novela, y el ostensible vacío. Muerte del héroe burgués y vacío, el que por otro lado es también autoasignación de tareas de parte del propio novelista, en la narrativa latinoamericana de hoy.

4

Al principio dijimos que en la otra de las líneas exteriores de la disposición de la novela se situaban El Señor Pequeño y El Angel (o La Bestia). Retomemos ahora aquel juicio con la previa advertencia de que estos dos personajes hacen su entrada en la novela para poner en marcha una historia que avanzará en contrapunto con la historia de Arturo. Contrapunto éste que al mismo tiempo es la antítesis que el final previsible de una de sus actuales opciones. Pues El Señor Pequeño viene de allá hacia adonde Arturo va, o pudo ir. Constituye por consiguiente una última y lastimosa prolongación, al cabo de un típico y deplorable circuito. Es, también, y también a su modo, un artista. "De variedades", dirá. Bastaría, creo, con este simple indicio para conectar incluso al más inmediato de los niveles de significación de su historia con los contenidos primarios de la historia de Arturo. Bien que en otra etapa, más lejana, no antes, sino después del error. Mucho más tarde, cuando ese error en el que Arturo está ahora a punto de incurrir se ha concretado, adquiriendo a causa de ello las dimensiones de una decisión irrevocable, y cuando sus consecuencias se ponderan en la grotesca degradación de este otro actor. Envilecimiento que no sólo es el suyo, dicho sea esto de paso. No lo es, en el entendido de que tampoco se agotan las peripecias de esta fábula confinadas al magro terreno de un círculo único: lo personal se inscribe en lo social y el destino de uno se hace destino de muchos. Culminación previsible de una de las actuales opciones de Arturo, El Señor Pequeño es también el lógico término de una alternativa de clase. Error de esos mismos que hoy día se pliegan a un vivir vergonzante, que encanallan verdugos en armas y quienes se han encargado muy pronto de relegar a sus socios a la marginación: "Mírese bien, es Vd. ese hombre/ que remienda su única camisa/ llorando secamente en la penumbra...", recuerdo que escribía Enrique Lihn hace unos años en el "Monólogo del viejo con su muerte".[8] O sea que El Señor Pequeño ha

---

[8] Enrique Lihn, "Monólogo del viejo con su muerte", en *La pieza oscura*. Santiago de Chile. Edit. Universitaria, 1963, 23.

hecho ya ese mismo viaje que ahora Arturo quiere hacer. Está, pues, de vuelta. Podemos suponer que alguna vez jugó a ganar. Quizás si hasta ganó. Pero acontece que ahora, en esta otra esquina del tiempo, unos misteriosos apostadores le persiguen y que, por las noches y en terrenos baldíos, le salen al paso, cobrándole un robo que transforma su vida consciente en huida, en escape continuo. Es el fin del circuito: aquel periplo que se inauguró como empuje y soberbia se resuelve, a la larga, en fuga y terror. La salida es entonces el sueño. El Señor Pequeño sueña y su sueño le ayuda a cohonestar los terrores del mundo real. Paralelamente, el relato se enturbia. El ámbito clásico de la historia de Arturo cede su sitio al advenimiento de un espacio enrarecido, espacio éste que desprecia las naturales fronteras entre el aquí y el allá, entre el ahora y el entonces, entre la vida y la muerte. Del mismo modo que la historia de El Señor Pequeño sigue a la de Arturo, o al menos a una de sus virtualidades, el paradigma de héroe que Arturo es, o al menos una de sus caras, se prolonga a futuro en la de este héroe degradado, pero al que sabemos el sujeto privativo de una especie distinta de literatura. De otra forma de novela. A la irrealizable novela burguesa la sustituye así, *en el propio texto,* la mal llamada novela contemporánea o "modernista", como no sin un dejo de sorna la prefiere designar Lukács;[9] a la coherencia y la racionalidad del mundo de Arturo, la incoherencia y el delirio del de El Señor Pequeño. Es que la fuga en el sueño no es sólo la fuga de este personaje grotesco; lo es también del escritor. De un cierto tipo de escritor. De aquel que confunde el anacronismo del héroe burgués con la nada, para concluir, seguidamente, de la esterilidad de la novela burguesa, la muerte del género. Practícase con esto en la novela una espontánea inflexión autocrítica. Más ceñidamente, una inflexión que le otorga a la crítica su oportunidad de integrarse en la plenitud del hacer. El énfasis puesto hasta aquí en los contenidos del relato dará pie, cual nuevo objeto, al cuestionamiento de sus modos. Es la propia novela la que de esta manera se interroga a sí misma, la que se hace exigencia y conjetura de sí. Cierto es que El Señor Pequeño contamina con su ser el relato y que la forma que éste adopta es un claro homenaje a su inmenso delirio. Pero ¿Es ésta la prueba de una servidumbre absoluta? ¿No está abocado Skármeta precisamente a lo contrario? ¿A irrumpir desde adentro? Mi criterio es que esta última sospecha requeriría de una confirmación sin restricciones.

Como ocurriera con la historia de Arturo, en donde una forma clásica acompaña a una aventura clásica, hasta que los reveses de esa misma aventura hacen estallar el relato, en esta ocasión otra forma, sustituto posible

---

[9] Georg Lukács, "The Ideology of Modernism" en *Realism in Our Time. Literature and the Class Struggle,* tr. John y Necke Mander. New York and Evanston. Haper & Row, Publishers, 1964, pp. 17-46.

de la forma anterior, experimenta un vuelco similar. El intermediario es allá como aquí la escritura, que es irónica (uso esta palabra con su valor de diccionario: "ironie ou antiphrase", que "consiste à faire entendre autre chose que ce que l'on dit...", es lo que al respecto anota Barthes[10]) y que con un ojo vigila lo que el otro escudriña. Con todo, se ve que la ironía no aparece en este caso en cuanto tal, sino mediatizada, convertida en el referente genérico de un arte auxiliar. Este arte no es otro que el de la parodia, favorito y hasta podría añadirse que indisociable recurso de las obras de crisis. Los dos relatos exteriores de la disposición de la novela son por ende narraciones paródicas y lo son tanto en lo que atañe a los contenidos del mundo, en lo que concierne al material sin elaboración de la fábula,[11] como también, y multifacéticamente, en lo que al modo narrativo respecta. En ellos la ironía se conmuta en la parodia, la que acto seguido pasa a ser aquel instrumento predilecto para el trasiego estético de una actitud de esencial irreverencia y que es una actitud que, no queriendo expresarse de un modo directo, como pura negación, elige en cambio una ruta aleatoria, la de la negación en o desde la afirmación. En la narrativa latinoamericana más reciente, y por razones que ya a nadie se esconden, es éste un arbitrio que se viene reiterando cada vez con más firmeza. El escritor latinoamericano actual, espectador y hasta en ocasiones partícipe en el escandaloso espectáculo de una existencia histórica cuyas aberraciones se acumulan con prodigalidad increíble, acude a la ironía como a ese mecanismo que él estima el más apropiado para desenmascarar, y con el testimonio de ellos, los contextos —y pretextos— ocultos de ese vivir deformado. Pero no sólo eso. Esta misma ironía, mecanismo sin duda que idóneo para la iluminación del mundo externo, se revierte también, y con extraordinaria frecuencia, sobre la propia escritura. Puesto a ello, conmina-

---

[10] Roland Barthes, "L'Anciénne Rhétorique". *Communications*, 16 (1970), 220.

[11] En este sentido, un ejemplo que merece destacarse es el de la brillante parodia del generacionismo romántico, de terca longevidad en la historia de la novela chilena y en general latinoamericana, a través de la inversión del valor usual y reaccionariamente adscrito (reaccionariamente, puesto que el tal generacionismo no hace más que encubrir una concepción biologizante de la historia) a la relación entre viejos y jóvenes. En efecto, en la novela de Skármeta las ambigüedades políticas y vitales de El Nieto se ven contradichas, al comienzo y al fin del texto, por la posición siempre resuelta de El Abuelo. Considérese, a propósito, el substrato conceptual implícito en los párrafos siguientes:

—Le voy a decir una cosa Arturito: si yo tuviera otro nieto, el otro nieto sería mi predilecto, no usted.

—Está bien, abuelo. Deje que yo lleve los bultos, ¿quiere?

El hombre esquivó el canasto.

—Cuando vengan los líos usted estará con la pelotita allá lejos. En vez de mostrar mi familia voy a tenerles que mostrar a los momios los dientes que me

do al examen de los dechados rituales de su oficio, será entonces la parodia, este uso a contrapelo de las fórmulas literarias tradicionales, el que al

---

faltan. Una cosa no más le digo para que vaya sabiendo: usted es mi nieto porque no tengo más remedio, ¿me entiende?

El joven comenzó a dispersar piedritas hacia la acequia.

—No la embarre, abuelo. Páseme la maleta.

Cruzaron una mirada y el hombre apretó con más vigor las manijas de los bultos.

—De ser nieto mío tiene que serlo porque usted es el hijo de mi hijo. Yo le dije a su señor padre que tuviera más hijos. Si su señor padre hubiera tenido más hijos usted no sería mi nieto predilecto. Mi nieto estaría trabajando con nosotros, ¿qué le parece?

—Usted está obligado a quererme porque es mi abuelo auténtico.

—De quererlo lo quiero. Pero no me gusta nadita lo que hablan de mi nieto en el pueblo. Nadita me gusta lo que dicen.

—¿O sea?

—Dicen que usted no ha conocido mujer.

—¿Y usted cree?

—Que si no, yo hubiera oído algo.

Skármeta, *Soñé,* 10-11.

—Véamos por parte —le espetó el abuelo, agarrándole de un zarpazo el libro que le pendía al final de su inútil abrazo. ¿Qué es esto que está leyendo? — Con el ceño drástico consideró el volumen de poemas de Neruda igual que un jugador ventila los naipes antes de mezclarlos y volvió a encajárselo en la mano. ¡Correcto!

—Abuelo.

—Vamos por parte.

—Abuelo, déjeme presentarle a Susana.

El viejo avanzó hasta la chica, y permitió que por un segundo su dureza exprimiera una veloz dulzura. Sólo que lo hizo cuidando que Arturo no la captase. El apretón de manos con la chica fue instantáneamente el de viejos compinches, el de compadres mutuamente imprescindibles. Como adivinándolo, Arturo quiso pasarle al menos un brazo por los hombros, para incluirse así que fuera. Pero ahí el abuelo, como haciendo un paso de tango, con un minúsculo sacudón del hombro, lo dejó desplazado.

—Vamos por parte. —Le alineó un dedo en el centro del pecho. ¿Sigue siendo virgen o ya no es el caso?

Arturo sintió que nunca nadie en la historia había enrojecido tanto como él en ese segundo maldito. El viejo asomó una sonrisa que le autorizó relucir sus desiertas encías, y con esa misma sonrisa miró fijamente a Susana sin pestañear.

—Yo... —dijo el joven.

—¡Basta! ¡A buen entendedor, pocas palabras! —Hinchando el cuello trató de que su postura resultara feroz. Tercera cosa: ¿es usted un hombre de izquierda?

El joven se encogió de hombros.

——No sé, abuelo —Extendió su gesto hacia la muchacha.

—¿Cómo que no sabe?

—No sé, abuelo.

Susana se enganchó ostensiblemente el brazalete sobre el brazo y enseguida se puso de pie.

escritor le ofreza la mejor solución.[12] Parodiar es descalificar, en su mismo terreno, el modelo obsoleto. Es descartar, haciéndolo, lo que ya no se puede hacer. No otra cosa es lo que Skármeta pretende. Por eso es que las historias de Arturo y de El Señor Pequeño son historias paródicas, en la medida en que ellas asimilan, a la crítica de un mundo caduco, la crítica de los modelos literarios que a ese mundo corresponden. Lo que sorprende es la magnitud del esfuerzo. No contento con parodiar a sus mayores, tarea en la que José Agustín o Eduardo Gudiño han hecho alardes de un virtuosismo que se diría digno a veces de mejores objetivos (y sin desdeñar por otra parte las novelas de Puig, aun cuando en estas últimas, adolescentes de una ambigüedad sin remedio, el ejercicio devenga en un oscilar a medio filo entre la exaltación y la parodia), Skármeta procede a arremeter contra el acuerdo conjunto de todo el sistema. Es la novela como tal, el género mismo, en la tradición heredada de sus modelos europeos burgueses y, más todavía, en la adaptación de esos modelos a nuestra propia e irredenta tradición, la que se torna en el blanco principal de su escarnio. En última instancia, será de la clausura de esta etapa, etapa que también es o fue la suya, a no olvidarlo, y del abrirse dialéctico de otra, de donde provenga el impulso formal de su escritura. Lejos de consumarse como puras manifesta-

---

    —Abuelo —sonrió la chica—, a Arturo le falta...
    — ¡Cojones! ¡Eso es lo que le falta!
Ibíd., 207-208.

[12] El problema no de la presencia (obvia), sino de la función (no tan obvia) de la parodia en la última narrativa argentina, ha sido expuesto de una manera preliminar por Beatriz Sarlo en "Cortázar, Sábato, Puig: ¿parodia o reportaje?" *Los libros,* 36 (julio-agosto, 1974), 32-33. Beatriz Sarlo piensa, en exceso creo, en la última obra de Puig y de ahí sus conclusiones puramente negativas:

Cabe preguntarse qué sucede, en el área demarcada por algunas novelas argentinas de la década del 70, con este verosímil de la ficción. En general este verosímil se construía, respecto de lo narrado, como un nivel transparente, "sin peso"; lo narrado aparecía como "más importante" que el procedimiento textual (incluso en *Rayuela,* incluso en *Boquitas*). Esta hegemonía de lo narrado sobre el procedimiento contribuyó, en parte, a hacer posible una lectura ingenua de la obra y dio cuenta, aunque sólo sea parcialmente, de los fulminantes éxitos de mercado de la década del 60 (éxitos que hoy recoge una ficción que mantiene su hegemonía sobre el procedimiento, como en el caso de las novelas publicadas y traducidas por Emecé). ¿Qué se produce luego? Una inversión de las relaciones textuales descriptas: lo narrado se convierte en instancia segunda respecto del procedimiento que se dimensiona en dos niveles: el del procedimiento propiamente dicho y el de la puesta en primer plano de un código genérico específico.

Como vemos, tales conclusiones, adecuadas en el caso de Puig, resultarían inaplicables en lo que a Skármeta concierne. La parodia no es en Skármeta ejercicio pasivo, burla que elude, sino activo, burla que rompe para rehacer.

ciones del capricho, las líneas exteriores de la disposición de su novela comprobarán ser con esto genuinos despliegues de desgarramiento, despliegues de una dialéctica esencialmente creadora y que es a la vez poda y retoño, destrucción y construcción. Ejemplos en (de) estilos de vida, serán también ejemplos en modos de novela. Polos que se autodescubren y se asumen integrados en la esfera de una mayor contradicción. Difícil escoger un planteo más justo. La aventura perfecta de Arturo como el modelo de aquella novela que ya no puede hacerse, que la Historia ha cerrado. La de El Señor Pequeño, en cambio, como el modelo de una novela que sí puede hacerse, que se hace —y a qué se deben, si no, todas las "nuevas novelas" de este Mundo y del Otro—, pero a sabiendas de que es obra final, callejón sin salida, bancarrota del género. A un destino sin destino, una novela sin novelística. Al final, un mismo silencio. Consistente con las etapas que jalonan la última parte del ciclo del derrumbe de El Señor Pequeño, y etapas que se desplazan desde la marginación a la soledad y desde la soledad al abandono de El Angel (y que es también, recordémoslo, su Bestia), el mapa del escritor contemporáneo o "modernista", si consentimos en hacernos un eco de la jerga de Luckács, se dibuja a su turno con los mismos hallazgos. Hasta que en un punto dado, las paralelas se juntan. Por eso El Angel es "otro" que El Señor Pequeño. Es ése otro que fue él, que cada vez lo es menos, hasta que por último, y culminando con una trayectoria que se le pudo vaticinar desde siempre, le abandona. Pero la verdad más profunda es que este abandono de El Señor Pequeño por parte de El Angel ha sido precedido hace mucho de un abandono a la inversa. Es El Señor Pequeño quien previamente abandona a El Angel, *su* Angel, y que es o fue su Bestia. El camino del regreso es el camino de la desintegración. Abandonado en el mundo, El Angel no sabrá conducirse. Los milicos chilenos le harán pedazos.

5

El Señor Pequeño y El Angel arrancan de Beckett.[13] Didi/Gogo, Pozzo/Lucky, Hamm/Clov, Krapp presente/Krapp pasado, las escuálidas parejas de Beckett son antecesoras muy poco secretas del dúo de Skármeta. Más lejos, con seguridad, George y Lennie, los personajes de Steinbeck

---

[13] Lo cual no quiere decir que no tengan precedentes dentro de la propia narrativa de Skármeta. En cuanto a El Señor Pequeño, desde "El Señor Avila", un relato que apareció hace ya más de quince años, en la antología *Cuentistas de la Universidad*, de Armando Cassigoli (Santiago de Chile. Editorial Universitaria, 1959, pp. 219-227), y hasta el relato final de *Tiro libre*, "Profesionales" (*Op. cit.*, ver Nota 3), es notorio que este personaje es, en su trabajo, de una gran consistencia. Pero no sólo eso. A propósito de *Tiro libre*, y no habiendo para mí en adelante posibilidades

(*Of Mice and Men,* 1937). Más lejos todavía, los innumerables desdoblamientos románticos, la escisión como autoextrañeza y fractura, como duda y desprendimiento, como renuncia y desbande. De Steinbeck, el contraste entre razón y afectividad, corrupción e inocencia. De Beckett, este otro desdoblarse que es prefiguración de la nada, que es anticipo y espejo de la muerte. Pese a ello, existe un aspecto diferencial importantísimo y al que deberemos atender enseguida. Sucede que el enlace entre el sector de la novela que aquí comentamos y sus presuntas raíces ha dejado en el texto skarmetiano de ser reiterativo y que ni siquiera   es más "adaptativo", en el añejo y obsecuente sentido de la ' adecuación de lo específico al universal prestigioso. Mi opinión es que, con consecuencias que empiezan a ser ya predecibles en lo que respecta al futuro de nuestra literatura —y me refiero a *toda* nuestra literatura: a la literatura de América Latina, hoy—, nuevamente aquí, y acaso por primera vez con un espíritu definido y sistemático, se empieza a perfilar el ensayo de un estilo rebelde en lo que hace al trato hasta hoy rutinario con las influencias. Este estilo rebelde rechaza por igual la adhesión absoluta que el laborioso advenimiento, el mimetismo que la conformidad. En cambio, la influencia se condiciona ahora al papel que a ella le cabe en el trazado de un conflicto, a la participación que ella tiene en un combate previamente dispuesto, inobviable y en curso, y el que por lo tanto no trepida en convertirla en adversario, en un factor enemigo en esa lucha real. Porque es un hecho que Didi y Gogo, Pozzo y Lucky, Hamm y Clov, Krapp y Krapp son en Beckett los estados inertes de una situación sin salida: "The expression that there is noghing to express, nothing with which to express, nothing from which to express, no power

_____

de tratar este aspecto con más detención, me interesa por lo menos dejarlo aquí apuntado; el caso es que, en su más rigurosa esencialidad, todos los materiales que concurren a la composición de *Soñé que la nieve ardía* se encuentran ya en aquel libro. Los personajes, las historias, etc., que básicamente conforman los respectivos asuntos de cada una de las tres líneas de desarrollo identificadas por nosotros previamente en la novela, están ya allí. Están, sin embargo, *dispersos*. Tanto, que es su misma dispersión la que justifica el fraccionamiento de *Tiro libre* en tres secciones. A la primera, pertenece "El último tren", primicia del personaje y la historia (al menos, de un modo inmediato. Ya hemos dicho que es éste uno de los temas recurrentes en Skármeta) de Arturo; a la segunda, "Balada para un gordo", preclaro anticipo de lo que aquí hemos llamado la línea central de la novela; y a la última, "profesionales", versión primera de la sólo a medias extraña odisea de El Señor Pequeño y El Angel. Concluyo que el escritor percibió, al componer este libro, la diferente cualidad de sus materias y que no llegó, en su experiencia creadora y por razones históricas a las que alguna vez habrá que referirse, a articular las conexiones objetivas que entre ellas existían. En una fase superior, la de la novela, escrita ésta en un "tiempo" distinto, tales conexiones tuvieron que ponerse de manifiesto, atrayendo, sobre el conjunto de la visión skarmetiana, un definido carácter totalizador, de *Weltanschauung*.

to express, no desire to express, together with the obligation to express".[14] Por consiguiente, son también el elemento necesario de una literatura sin salida, o de un hacer gratuito, que no se justifica y que concluirá al fin de cuentas por negarse a sí mismo: "My work is a matter of fundamental sounds (no joke intended) made as fully as possible, and I accept responsibility for nothing else".[15] En Skármeta ocurre algo distinto, demás está indicarlo. En primer lugar, El Señor Pequeño y El Angel no son estados, sino etapas. Por lo mismo, tampoco son inertes; en tanto fases de un desarrollo inexorable, ambos personajes están expuestos y existen en un equilibrio precario, el que apenas sí logra sostenerlos encaramados allí en la orilla más próxima de su ulterior transformación. De ser en algún sentido figuras terminales, ello es sólo de sí. Concluyen su ciclo, pero no cierran la Historia. El resultado es que su intervención en la novela se constituye con esto en objeto propicio de una nueva pesquisa, pero de una pesquisa a la que ahora se hace necesario proyectar a lo largo de un arco de mayor amplitud. Son la última etapa de Arturo (o de Rivas, o de esa parte de Arturo que es deudora de Rivas), pero son también, parásitos sociales, burguesía latinoamericana en su esencia, la incontestable metáfora de toda la clase. Llegamos aquí hasta un nuevo círculo. La potencialidad metafórica de la novela se ha dilatado una vez más, para dar cabida en ella a la más sustantiva de las contradicciones. De la situación del artista a la de su grupo social y de la de éste, a la de la generalidad de la clase. Clase que no se agota en sí misma, por cierto. Marionetas estrellas de un teatro de barrio, su gesticular es flagrante remedo de actuaciones lejanas. Es trasunto de otros y serán esos otros quienes, en definitiva, establezcan las reglas. Leamos pues, en estos personajes de Skármeta y en este otro nivel del análisis, una doble metáfora. La de una clase decrépita, al borde del derrumbe, y que es una clase que para sobrevivir deberá de echar mano, como en efecto lo hizo, de recursos extremos, y la de todo un sistema, a cuyo ocaso nos es dable asomarnos a través de la pálida suerte de sus míseros dobles. La materia de Beckett es el sistema total. Su descripción, coincidente con el cuadro de Skármeta, allega las notas características de parasitismo, incomunicación, marginalidad y derrumbe. La explicación, y con la explicación el modo mismo de la descripción, diferirá, sin embargo, en uno y otro caso. Respondiendo a una metafísica de filiaciones en último término románticas, el universo de Beckett está fijo, cristalizado en su horror.

---

[14] Samuel Beckett, "Three Dialogues" (Con Georges Duthuit. Sobre Tal Coat, Masson y Gram van Valde). *Transition Forty-Nine*, V (1949), 98.

[15] De una carta a Alan Schneider, fechada el 20 de diciembre de 1957. Esta y otras cartas igualmente reveladoras de Beckett a Schneider se publicaron por primera vez en *The Village Voice*, edición del 19 de marzo de 1958, pp. 8 a 15.

Contra esto, contra la universalización arbitraria de un mirar superficial, así como contra la petrificación de ese mirar entre las falaces fronteras de un axioma absoluto, por lo demás raíz indispensable de los "nuevos" melodramas, se alzará, con socarronería y firmeza, la escritura de Skármeta. Lo que en el primero era destino, será en el otro proceso. Final que no es final, sino antesala. Indicio seguro de un heredar combatiendo.

6

En la línea central, unos muchachos. El Negro, El Gordo, La Mari, La Susana. Otros personajes: Alcayaga, Cosme, El Cabo Sepúlveda, El Dueño del Local (y el Local mismo. La casa que hoy se hace posible. Condensación de un espacio que es o quiere ser de todos, conducente además a una condensación correlativa del tiempo y propiciatoria por eso de la aludida pluralidad de las significaciones), Don Manuel, especie de dios laico o de padre compañero. El Presi, que "con sus gruesos carrillos y anteojos de profesor provinciano y el orgulloso pecho de palomo con la cinta tricolor condecorándoselo"[16], circunspecto y seriote, nos mira desde su retrato colgando en el muro. La Criada, una figura que crece, que al final e indefectiblemente crece (¿Cuántas criadas-objeto en la historia de la literatura latinoamericana?), hasta convertirse en persona. No hay aquí, por supuesto, héroe alguno. Al héroe lo mató El Señor Pequeño o, mejor dicho, murió con él, después de una riña grotesca, paisaje lunar de un sitio eriazo allá por los extramuros de Santiago. O, quizás, ni eso. Quizás si sólo se asentó o, lo que viene a ser lo mismo, que transó los sombreros de mago por la sopa a sus horas y las sábanas limpias. Skármeta nunca aclara este desenlace, sin embargo. Puede que él no sea más que un nuevo e impávido sueño. ¿El último? Cualquiera sea la respuesta, el dato que ahora nos importa rescatar es aquel que nos señala que aquí, en el centro, en esta otra línea de intriga, los protagonistas individuales no tienen ya cabida. Como tampoco las tiene la aventura personal, el vivir de espaldas a una contradicción que está siempre presente, pero que muy severos desarrollos, en aún más graves momentos, acaban por hacer inocultable. Es la novela que pedía Carpentier en uno de sus ensayos y que él mismo, seguidor el más eximio de los procedimientos de la novela histórica, parece no haber podido, o querido, concretar hasta hoy: "Contenido social puede tener la novela, desde luego. Pero a partir del momento en que hay un *contexto*

---

[16] Skármeta, *Soñé,* 35.

épico verdadero; a partir del momento en que el suceso *ha sido...* "[17] . Para los chilenos ese suceso fue, en efecto. Conmocionando el país y auspiciando con ello el consecuente viraje hacia una novela distinta. Si Skármeta logra desembarazarse de los graves peligros del ejercicio paródico, y no sólo desembarazarse sino superar lo que este ejercicio significa en tanto instancia eminentemente destructiva dentro del desenvolvimiento general de la dinámica novelesca, esto ocurre más que nada debido a su correcta percepción de las situaciones concretas que le harían el peso a su mucho talento. Es que el hecho se produce, en primer lugar, afuera. En los desplazamientos de la psicología y de la conciencia de clase y que, al reajustarse, descalifican, con su realidad sin excusas, las contestaciones ambiguas. El héroe burgués desaparece (o se degrada), porque, depositario favorito de una sutil paradoja, su excepcionalidad deriva siempre de su ser mucho de lo mismo. Espejo glorificante de aquellos que llegan y que, para legitimar su camino, se administran el mito del viajero perfecto. Este es su héroe, éste que tiene por tarea el dar salida a la imagen rentable de una cierta conciencia cuya turbia verdad se agazapa en las sombras. El héroe burgués confunde al pueblo, pero confunde también, aunque cueste a veces admitirlo, a la propia burguesía. Engaña a todos, pues a todos adjudica, cual dispendioso Proteo, su ración de ilusiones. La diferenciación no proviene así del engaño de los más, contrastado éste con la astucia de los menos. Proviene de los efectos contrarios de un engaño común, salvación para unos e infierno de otros. Pero hace mucho que sabemos de ese carácter puramente vicario que los mitos sociales sobrellevan; que ellos existen con valor de reemplazo. Es decir que el día llega en que los engañados se reconocen como tales y que es cuando arrojan de sí lo que les lastra, para enseguida apropiarse, con claridad estupenda, de lo que es suyo de veras: de su propia conciencia y, a poco andar, en el decurso ascendente de la gran marejada, de su propia ideología. En estas condiciones, la mantención impoluta de la estafa es una empresa, por ajena, insostenible. Para empezar, puesto que su presencia ha dejado ya de ser útil para nadie, puesto que a nadie —y habida cuenta del descalabro simultáneo de otras estafas similares— representa. En el más cabal de sus sentidos, es éste un acto de anagnóris. Convocatoria a un existir auténtico, conocimiento de sí y de los otros, reunidos al fin, con regocijo ardoroso, en el cruce al desnudo de una conciencia común. El pueblo descubrirá así, en este acto puro, la inmensidad de su fuerza. En la caída del mito individual y en el reencuentro, hasta entonces proscrito,

---

[17] Alejo Carpentier, "Problemática de la actual novela latinoamericana" en *Tientos y diferencias*. México, Universidad Nacional Autónoma de México, 1964, p. 38.

con su auténtico ser. Por su parte, el héroe individual, al devenir en un modo de respuesta inverosímil para un presente que es su antítesis, no puede menos que sufrir igual fortuna dentro del permeable tejido de la antigua novela. Desprovisto de una atmósfera suya, el joven impetuoso será un payaso aterrado que despeje los códigos de su superación. El Negro, El Gordo, La Mari, La Susana ocuparán en adelante su sitio. Ese sitio al que los tiempos les llaman y para cuya ocupación ellos se brindan como la mejor avanzada. Personajes que son cifras del conflicto, se entiende que estos últimos apenas sí tengan un nombre. La antigua privatización de sus vidas ha dado paso en ellos a un tiempo de solidaridad y crecimiento, el cual les invita a reconocer y a asumir hoy, en el interior de sus vidas, las vidas de otros. Sus predicados narrativos no son ya psicológicos; son históricos. E inclusive sus diferencias, como la fraterna disputa entre El Gordo y El Negro, se explican sólo en virtud del contexto, como caminos diversos hacia un mismo objetivo. Protagonistas de un acontecer general y, más aún, de un acontecer en el que se halla comprometida la inmensa mayoría del pueblo, estos personajes, representantes genuinos de ese pueblo, prospectivan consigo el arraigo, en la novela latinoamericana, de un nuevo tipo de figuras, figuras éstas cuyas acciones deberán perfilarse recortadas sobre el entero trasfondo de un espacio y de un tiempo totales. Su escenario resulta ser por ende el cuadro histórico completo y su aventura, nada menos que la de la remoción, desde sus mismas raíces, de los injustos estatutos que hasta entonces lo rigieran. Con esto se rebasan sin duda las centenarias fronteras de la novela histórica burguesa, entre las que todavía pareciera debatirse entrampada la producción literaria de un Alejo Carpentier. Proposiciones hay en el cubano que sugieren el inminente advenimiento de una épica, según ya hemos visto. Sus novelas, sin embargo, o la mayor parte de ellas, *El acoso, El reino de este mundo, El siglo de las luces, El recurso del método,* continúan acudiendo a los procedimientos de la novela histórica como a los provisores más seguros de la panacea formal. Por cierto que esto no es azaroso. La novela histórica, y a ello se debe la bien merecida preeminencia del modelo por sobre otros que le son colindantes en el pródigo acervo de la novela burguesa, proporciona al escritor progresista el uso de la estructura más apta que en el pasado del género se llegara a acuñar con vistas al tratamiento literario de la vida humana en términos de proceso. Como un existir en el tiempo, ligado a él. Más que por recontar la Historia, y ya se sabe adónde van a dar tales "recuentos" cuando en ellos mete mano la ideología burguesa, el atractivo que la novela histórica ejerce sobre el escritor de avanzada proviene de esta amplificación de principio que de la existencia ella practica. De esta conexión que el relato histórico establece entre la magnitud recoleta de una vida doméstica y la evidente potestad del entorno. El escritor progresista privilegia así el modelo, en la medida en que él le permite dar curso a una intuición que ese escritor sabe correcta y a la cual, por lo mismo, no quiere eludir. Esta intuición es la del nexo que vincula la aventura privada con un espacio y un tiempo a los que se conciben de antemano cambiantes. Pero también sucede que la novela histórica no es más que un peldaño, acaso el más firme, si se toman en cuenta sus limitaciones de origen, dentro de una escala que es todavía más larga. En última instancia, ella ignora, también por principio, la verdadera naturaleza del nexo que proclama. Sus personajes "sufren" la Historia; no la hacen suya, transformándola. "Grandes acontecimientos" manipulan sus vidas, pero sin que a ellos les sea concedido intervenir en su génesis. La novela histórica, con la que la moderna novela burguesa se inicia, conserva pues, a lo largo del itinerario de su desarrollo, los (para ella) insuperables parámetros del sistema que crea. La nueva novela, la auténtica es claro, deberá sobrepasar tales parámetros. Reinaugurar la tradición a partir del punto exacto en el que la novela histórica la deja. Tributaria del orden burgués, ebria a menudo de hegelianismo, la novela histórica no puede ir más allá de ese punto al que sus premisas la confinan. Enseña que la vida humana es siempre un proceso, pero es incapaz de dar con el cómo concreto de su propia afirmación. Es que este último distingo entraña, y ya se ha dicho, un cambio afuera. Cambio en el material de la experiencia, en el orden estatuido del mundo, y cambio además, y desde luego, en las antiguas modalidades de captarlo. Expansión que habrá de producirse también en el mundo real, para abrir paso de este modo a una expansión correlativa, a la vez que dialéctica, en el disponible recinto de la conciencia del artista. Entonces, y sólo entonces, es que el peldaño que sigue llega a hacerse por fin accesible. Es lo que observamos en el desarrollo central de *Soñé que la nieve ardía,* desarrollo que al mismo tiempo que relata la aventura de un amagar interrupto hacia condiciones históricas diversas, anticipa asimismo, en el plano de las formas novelescas, las nuevas soluciones literarias que ese tránsito requiere. Consecuencia de este desplazamiento en el género viene a ser esa metaforización del espacio inmediato que al principio de este apartado mencionáramos. Ese espacio es aquí una pensión, es decir un sitio público, que sustituye, con su carácter abierto, el ambiente doméstico del novelar tradicional. La pensión es el país, o mejor, una introducción, en el espacio y el tiempo de algunos, del espacio y el tiempo de todos. En mayor o menor grado, un fenómeno similar de apertura es el que se irá produciendo también con las vidas de los personajes. El Negro, El Gordo, La Mari, La Susana han roto ya, o están en vías de romper, y son ellos los primeros, con las barreras que antaño forjaran su personal extrañamiento. Se han liberado, por tanto. Todo ahora les concierne. Los "grandes acontecimientos" son para ellos una magnificación cuantitativa, nunca ajena, de sus propias batallas. El

Cabo Sepúlveda, que a diario padece la insolente soberbia de los automovilistas que bajan desde "la zona alta de la ciudad"[18], no es ni puede ser indiferente a esa misma soberbia cuando ella se vuelca, por su antigolpismo, sobre El Jefe Supremo de las Fuerzas Armadas. El mismo conflicto, en un extremo y en el otro. La misma agresión. El mismo enemigo. El asesinato de El Rucio Ahumada, que ensangrentara una de las concentraciones mayores del proceso, se transforma, en la doliente narración de Alcayaga, en el augurio fatídico de tantos otros asesinatos por venir. E igual cosa se comprueba con el relato del "tancazo", otro agüero siniestro y cuya narración se nos da doblemente enmarcada, como el relato de un relato. Skármeta prefiere que sean los propios personajes los que hablen. La cadena que los une, entre ellos y a ellos con él, revelará de este modo la entera magnitud de su fuerza. La índole del acontecimiento que se cuenta deja así de obedecer, en este sector de la novela, a una clave privada, mensaje "de un narrador personal para un lector personal".[19] Como definición de las leyes que regulan el acto lingüístico, es obvio que aquí esa clave ya no sirve. Como tampoco sirve su reemplazo "modernista", la "crisis" del narrador, la anulación lisa y llana de toda perspectiva. Por el contrario, con la conversión de la índole del acontecimiento narrado, con su "desprivatización", se están ofreciendo aquí criterios para el puntual enunciado de una clave distinta. Si el narrador cede su voz a las figuras, si el relato del acontecimiento corre entre ellas de boca en boca, y si es por sus bocas que el narrador lo incorpora en su conciencia (el capítulo último de la novela es de esto un magnífico ejemplo: el narrador se aproxima al lector y ambos se tornan en receptores conmovidos de la relación de Don Manuel. El narrador

---

18 Skármeta, *Soñé,* 82.

19 Dos ejemplos:
Del narrador como receptor:
Si de mí quiere sacarme algo, compañero, diga que nací de nuevo, que nací al revés como un muerto, que en vez de venir del vientre de mi madre salí de entre medio de esta sombra humillante, que así salí del Estadio, míreme los dedos estos y anóteme estas costillas, ponga cómo son mis ojos ahora usted que los conoció antes, y claro todo sin nombres, entre usted y yo, en silencio.
Skármeta, *Soñé,* 214.

Del narrador como figura:
Además los chicos tocaban la versión de Lucho Zapata y la Máquina para el tema de Jaime Atria "Tengo un corazón que llegaría al sacrificio por ti", que venía a ser su mismo bolero predilecto que lo había oído en la fiesta de noviembre del 70 alrededor de la inmensa fuente presidencial y las chicas ya no se podían aguantar el amor y habían bailado boleros metidas en los brazos de los compañeros como astronautas, y ella había bailado con el compañero escritor jurado en Casa de las Américas y ya esa misma noche hablaron de que había que hacer talleres de

es en ese instante lector, de la misma manera que en otros momentos ha sido, legítimamente figura[20]), no es porque el narrador se niegue a asumir ese papel de raíz de perspectiva que es el que por necesidad le corresponde. Lo que pasa es que este narrador concuerda y participa del inequívoco sentido que las figuras asignan al hecho narrado. El mismo es ahora un asunto de todos. A todos toca; a todos concierne. Correlativa de la dilatación de las vidas de los personajes y correlativa igualmente de la doble dilatación del espacio y del tiempo, esta otra expansión adquiere así los visos de un requisito insoslayable. Son esta vez las acciones, el estrenuo hacer de las figuras, el que amplifica su sentido. En guerra con una tradición ubjetivante, ciega en la fiebre del hurgueteo interior, y que es una tradición al servicio de la cual el arquetipo narrativo será siempre el monólogo, esa excrecencia enfermiza y absurda de un narrar cuyo infalible destino es la parálisis, Skármeta elige, *cómo y con sus personajes,* el camino que lleva a la liberación. Actúan ellos y actúa él. Construyen ellos y él construye. Ellos, el mundo. El, la novela que cuenta a ese mundo. Novela en la que el narrador emula con su actuar el actuar de sus figuras. En la que, coincidiendo con el hacer transformador de sus personajes, homologa, en la estructura narrativa, y con su propio trabajo, la originalidad sin precedentes de ese hacer. Con esto se completa aquel tránsito que de superación de sí misma se venía insinuando en la escritura, a través de la alteración, en el nivel de ls formas novelescas, de lo que de otro modo, en el nivel de las materias, estaba también siendo alterado. Cambio en los contenidos del mundo y con él, consecuencia y contribución a ese ambio, cambio también en la escritura.

7

Pero no se piense que Skármeta logra con esto la ecuación acabada de la nueva novela. No la logra, ni tenía tampoco por qué hacerlo. Así como la

creación en las poblaciones, que todo lo que iba pasando tenía que volver a pasar, recrearse, y a reinventarse mil veces en la literatura, en cine, en canciones, en los murales, en clubes de lectura, en el modo de vestirse, y hasta, lo había dicho, en el modo como los compañeritos nos estamos dejando estos bigotes sabrosos, ¿verdad Susana? , y ahí mismo le escribió un poema en una servilleta del "Indianápolis" y el poema se llamaba UPOEMA y lo único que hacía era describir los dientes de ella mientras bailaban "Tengo un corazón que llegaría al sacrificio por ti" y después copiaba textual la letra de "Tengo un corazón que llegaría al sacrificio por ti, si tú le dieras un poquito de amor" y al final ponía su nombre que era Antonio y ya con eso estaba listo el pescao.
Ibíd., 140-141.
[20] Wolfgang Kayser, "Origen y crisis de la novela moderna", tr. Aurelio Fuentes Rojo. *Cultura Universitaria,* XLVII (enero-febrero, 1955), 36.

construcción de la nueva sociedad es un proceso que no ha terminado, ni en Chile ni en ninguna otra parte, tampoco la literatura que a esa nueva sociedad corresponde ha llegado, y ojalá nunca llegue, porque lo cierto es que el día en que tal cosa ocurra habremos vuelto, de nuevo al principio, a conformarse del todo. Lo de Skármeta es sí un anticipo. Anticipo entre nosotros, en la literatura de este lado del mundo, de un desarrollo cuyas proyecciones no resultan a estas alturas por demás discernibles. La línea central de *Soñé que la nieve ardía* está dedicada a esta tarea, a la de apuntar las direcciones por las que habrá de venir el desenvolvimiento futuro y que es el único capaz de hacer posible, en la historia de nuestra novela, el ensayo de una ruptura al *impasse* genérico del cual Carpentier es el mejor exponente. Como totalidad estructural, como dinámica novelesca, *Soñé que la nieve ardía* se constituye por esto en la tentativa más seria que se ha hecho hasta ahora por levantar las compuertas de ese callejón sin salida en el que la novela latinoamericana se está hoy asfixiando. Los recientes fracasos de Sábato (*Abaddon, el exterminador*), de Roa Bastos (*Yo el Supremo*) y, hasta cierto punto, de Cortázar (*Libro de Manuel*) son pruebas al canto de esto que digo. Si *Abaddon* y compañía son los últimos destellos de un novelar periclitado, de una actividad que no cree en sí misma y que culmina, como es justo, en la irrelevancia y el eclipse —un caso patético es el que ofrece, en otro género, el fugaz antipoeta, Nicanor Parra—, *Soñé que la nieve ardía* constituye, al contrario, un concreto adelanto hacia la solución del *impasse*.[21] Esta es su virtud cardinal: la de mostrar un futuro y, lo que es aún más promisorio, la de interiorizar, novelándolo, el arduo proceso del desplazamiento. A manera de epílogo, concluyamos diciendo que es ésta la novela del principio de un tránsito. Que lo es desde el punto de vista de la estructura del mundo, de las

---

[21] Pregunta Skármeta en un artículo reciente:

Por qué, cuando toda América Latina se debate en una difícil lucha contra sus opresores en la cual el proletariado es protagonista, héroe, y frecuente víctima, los nuevos escritores no han sabido interpretarlo. ¿Es que acaso el intelectual va a la zaga de la historia? ¿Descubre tal vez que el proletariado chileno existe cuando es masacrado el movimiento democrático y revolucionario de la Unidad Popular? ¿Cómo puede explicarse, más allá de los orígenes de clase, la falta de un concreto contacto con individuos y la totalidad de la clase obrera? ¿Se requiere, tal vez, que una revolución triunfe, y que toda una remoción de estructuras posibilite el desgarramiento del escritor para que su inserción en la realidad provoque el aireamiento de su obra? ¿No es posible encarnizar las declaraciones progresistas en las fuerzas progresistas? ¿Por qué el proletariado no ha dejado de ser un objeto de amores vagos o una referencia teórica?

Antonio Skármeta, "La novísima generación: varias características y un límite". *The American Hispanist*, 1 (noviembre, 1975), 5.

contradicciones fundamentales que configuran su trama, tanto como desde el punto de vista del modo narrativo. Naturalmente que nada de esto habría sido posible de no ser por la honda percepción que Skármeta ha tenido de una experiencia histórica extrema, la del heroico proceso chileno. El carácter especialísimo de ese proceso, su condición de experiencia gradual e inconclusa, se reflejan en el que es hasta ahora el mejor de sus productos estéticos, obra de quien es también, sin duda alguna, el más talentoso de sus escritores. Allí donde el proceso chileno exhibió una fórmula de cambio respecto a la inanidad cien veces confirmada de un orden histórico caduco, *Soñé que la nieve ardía* nos descubre esto mismo en el plano específico de las expectativas del género. Como siempre, la Historia es maestra de la literatura. Literatura que no sólo recobra la Historia, retratándola, sino que, más importante que eso, la interioriza, a través de la germinación de nuevas formas y las que a su turno nos devuelven, en términos de un conocimiento más profundo, los de por sí decisivos alcances de la experiencia original. Es éste, y no está de más recordarlo, el logro más válido de un arte revolucionario.

Junio de 1976

EL TEMA DEL VIAJE Y DEL APRENDIZAJE EN "NO PASO NADA"

Grínor Rojo

"...Sólo entonces fue digno de su pueblo."
Neruda. "Educación del cacique"

Con la publicación de la novela breve *No pasó nada*[1] de Antonio Skármeta, se alcanza hasta la configuración de lo que a mi juicio es una literatura chilena del exilio en sentido estricto.[2] Esta afirmación mía apunta aquí en dos direcciones distintas, aunque a la larga interdependientes: hablaremos en lo que sigue de una literatura que es producida en o desde la circunstancia del escritor chileno exiliado, la que no es, no quiere ni puede ser, ni la circunstancia del escritor resistente dentro del país ni la del escritor progresista extranjero —alemán, norteamericano, español o lo que sea—, que colabora o podría colaborar con nosotros afuera. El escritor chileno exiliado se encuentra, para decirlo por ahora sólo tentativamente,

---

[1] Antonio Skármeta, *No pasónada*. Ed. Pomaire, Barcelona, 1980, 88 pp. Todas las citas corresponden a esta edición.

[2] El propio Skármeta realizó una versión cinematográfica de *Nopasónada*. La película la dirigió Christian Ziewer y se estrenó en Berlín, en 1978. Me informa mi colega y amigo Eric Rentschler, especialista en cine alemán, que, sin contar alteraciones puntuales copiosas y que en el fondo dependerían de la fundamental, la modificación mayor que la película hace al texto es de foco: allí donde la novela se preocupa especialmente de la conducta del protagonista con respecto al mundo, la película procede a la inversa. Naturalmente, lo que así pone en juego el *film* es una audiencia que no es la de la novela. La odisea del muchacho sirve para descubrirle a esa audiencia su propio mundo. El título de la película, que se traduce *Desde la distancia, veo este país,* daría cuenta de este reemplazo en el receptor.

en una situación limítrofe con respecto a esas otras dos. Comparte rasgos tanto de la primera como de la segunda, pero no se iguala con ninguna de ellas. Difiere de ambas y se conecta con un modo de existencia —y de Resistencia— peculiar y que es el de los varios miles de compatriotas que tuvimos que abandonar nuestro país después del golpe de estado de septiembre de 1973.

1. La historia que Skármeta presenta en *No pasó nada* es la de un muchacho de catorce años, Lucho, hijo de profesores, quien quiso alguna vez ser cantante *pop* y que ahora quiere ser escritor ("El 13 de septiembre era mi cumpleaños y mi papi me regaló una guitarra. Yo entonces quería ser cantante. Me gustaban los programas musicales de la televisión y me había dejado el pelo largo y con los amigos del barrio cantábamos en la esquina y queríamos formar un conjunto para tocar en las fiestas de los liceos... A mí ya no me importa que hayan vendido la guitarra y que nunca pude tocarla, porque ya no quiero ser más cantante. Ahora quiero ser escritor..." (pp. 9-10).

Este joven personaje provendría de ese amplio estrato al que en Chile (repito: en Chile) hubiéramos denominado de las capas medias. Los acontecimientos que conocemos, de los que por necesidad fueron más protagonistas sus padres que él, lo empujan hasta Berlín. Comienza y concluye allí su distanciamiento de la niñez y su entrada en la adolescencia. El relato de este proceso lo lleva a cabo él mismo, desde la actualidad, sus catorce años, retrotrayéndolo con frecuencia al período inmediatamente anterior, el año del impacto inicial, y con menos frecuencia al mediatamente anterior: los retazos, que aún guarda en la memoria, de su etapa chilena. Precisamente,

Esto significa que la forma literaria básica en la que el material narrativo se vuelca es la de la *Bildungsroman* o, como también a veces se la designa en español, "novela de aprendizaje". En su *Teoría de la novela,* es bien sabido que Lukács considera a esta forma como a uno de los tres tipos elementales que cubren las posibilidades expresivas del género, equidistante de la novela "del idealismo abstracto" tanto como de la novela "psicológica". Su tesis, a la que vale la pena no perder de vista en los desarrollos que haré en adelante, es que el héroe de la *Bildungsroman* se retrae de las convenciones que lo acosan no menos que del abandono de su escala personal de valores. Condición necesaria al concebir la "idea" que aglutina los contenidos del mundo será por eso, de parte del novelista, el supuesto de que "...a reconciliation between interiority and reality, although problematic, is nevertheless posible..."[3]. Como pronto veremos, es la búsqueda

---

[3] Georg Lukács, *The Theory of the Novel*, tr. Anna Bostock. Cambridge, Massachusetts. The Mit Press, 1971, p. 132.

del significado específico que dicha "reconciliación" (la palabra es mala, me doy cuenta) puede tener en la conducta existencial y política de un determinado sector de la diáspora chilena lo que constituye el concepto matriz de esta nueva creación skarmetiana.

En términos de un despliegue horizontal sobre todo, no es difícil ver que se simultaneizan en el discurso de Lucho tres tiempos y dos espacios. Ellos son: un pasado pluscuamperfecto, que acaece en el ámbito de un espacio chileno y que la conciencia del narrador recupera y registra a través de un elenco de imágenes concretas o más o menos concretas (el Colo Colo, la casa de Ñuñoa arriba, las montañas, los pájaros, las empanadas, las moscas, desfiles y concentraciones, aun cuando sean por lo común imágenes a propósito de o evocadas desde sus semejanzas y diferencias con aquellas que el mundo que le es más cercano propicia. Pero, a pesar de esas limitaciones que son inherentes al mecanismo de su convocatoria, conviene subrayar que el pasado que de esta manera se atrae es pleno y heroico; que el chico lo siente suyo y que por eso mismo lo rescata con entusiasmo fervoroso. Sigue a ese pasado pluscuamperfecto un pasado próximo cuyo más notorio atributo es la contención. Me explico. "Nopasónada" es un apodo del que Lucho se hace acreedor jugando fútbol con sus condiscípulos alemanes. Cada vez que incurre en un *foul* y que el afectado y los demás se quejan, Lucho levanta las manos y exclama: "...No pasó nada...".

Ocurre que rodeando esa cancha de fútbol hay otra, no tan deportiva, y ocurre también que con respecto a los *fouls* que en ella pudieran cometer El Padre los ha puesto a él y a su hermano menor sobre aviso: "Dijo mi papá que esperaba que fuéramos hombrecitos y que no nos metiéramos en líos. Que aquí estábamos como asilados políticos, y que en cuanto nos enredamos en un lío nos echarían." (pp. 23-25). No tengo que recalcar la consistencia entre la cita que concluye el párrafo precedente y esta otra. El tiempo inmediatamente anterior a la escritura se congela, debido al medroso constreñimiento que esas dos declaraciones testimonian, en un rígido paréntesis. Es tiempo de espera; de contención. Cuando más, de transición entre dos vidas. Sucede a ese tiempo un tercero, que es aquél desde el que Lucho cuenta y que se inició tres meses atrás. Concuerda su apertura con dos fechas que son claves, en la medida en que el nexo que entre ellas se tiende es correlativo del nexo entre la peripecia personal y la peripecia pública. Me refiero al cumpleaños de Lucho, el 13 de septiembre, y al (¿primer?) aniversario del golpe.

La noche del 10 de septiembre, de vuelta de pintar carteles para una manifestación contra la Junta y acompañado de su primera novia, Lucho tropieza con una pandilla de muchachones alemanes. Estos notan su acento y uno de ellos, El Hans, intenta irse sobre la chica: "Ellos querían que tomáramos de la lata de cerveza y gritaban a la salud de los novios. También querían que la Sophie se metiera en la boca la lata. Así que yo les dije que no gracias, que nos dejaran pasar que estábamos apurados. Esa fue la peor idea que jamás se me ocurrió en Berlín. Primero porque me notaron el acento. Y segundo, porque si estaba apurado a esa hora de la noche y acompañado de la Sophie era que yo quería irme a la cama con ella. Y entonces había uno que después se llama Hans que me mira a la Sophie y me pregunta qué tal es la Sophie en la cama. Y viene y le mete la mano así en palangana por debajo del abrigo.

No sé si yo les he dicho que soy una de las personas más nerviosas de Berlín. Yo creo que a mí la sangre me la pusieron hervida, porque fue oir *eso*, ver *eso*, y zuácate que saqué mi patada de back centro. Sólo que en vez de pegarle a una pelota grande le di justo a dos chiquititas. Allí quedó tendido el Hans y yo estaba como loco..." (pp. 35-36).

Con este suceso, que se diría accidental,[4] es claro que el paréntesis previo se acaba. Otro es el tiempo que se ha echado a rodar a partir de ese momento. El relato de este último tiempo pasará a constituirse en el centro que reúne las acciones de mayor trascendencia en la novela. Sus máximos desafíos, como va siendo ya un hábito en Skármeta, consistirán en el cumplimiento del amor y en el de la relación con los otros. El primero se explora en el ciclo que va desde la traición de la primera novia, La Sophie, al encuentro con la novia y compañera actual, La Edith; el segundo, en el ciclo paralelo que va desde la enemistad con El Michael, el hermano de El Hans, a la amistad posterior. Con justicia que desconfía por principio de las instituciones, El Michael intentará cobrarse "de hombre a hombre" la agresión contra su hermano después de la que éste ha ido a parar al hospital. El cobro se lleva a efecto en el curso de una pelea, que nos remite a otras peleas igualmente míticas en otros relatos de Skármeta (pienso, por ejemplo en el cuento "Relaciones Públicas"), y que aquí se ejecuta una vez más: "...Michael se metió por el S Bahan Beusselstrasse y agarró el costado de las líneas del tren hasta llegar a un lugar donde hay un montón de basuras y piedras y carrocerías de autos viejos..." (pp. 69-70).

---

[4] "...Otra forma capta un acontecimiento primariamente como un suceso 'real' y único, es decir, exactamente fijado en cuanto al lugar y al tiempo. Por otra parte, lo trata como suceso casual, es decir, no como la directa realización de una intención, sino precisamente como incidencia repentina, inesperada, que se cruza con las intenciones. Por todas partes hay ciertos puntos extraños, que misteriosamente se relacionan entre sí, hasta que el suceso casual, en un punto culminante, determina de nuevo el destino. Esta forma que, como muestra la historia de la literatura, es realizada constantemente como tal (aquí corresponde a Boccaccio, con su *Decamerone*, el papel de gran modelo e incitador), se llama *novela corta...*". *Wolfgang Kayser*, Interpretación y análisis de la obra literaria, tr. María D. Mouton y V. García Yebra. Madrid. Editorial Gredos, S.A., 1972, pp. 474-475.

2. La descripción que acabo de perpetrar consecutiviza una triple secuencia de aconteceres que en la escritura se nos entregan en simultaneidad ("... es que les cuento todo revuelto y a saltos...", pp. 23), y, en este respecto, es y se reconoce culpable. Pero la consecutivización tiene también sus ventajas. Pone de manifiesto que, además de atenerse al encuadre tipológico básico de la *Bildungsroman,* Skármeta recurre en esta novela a una forma narrativa adicional, que estaba ya presente en varios de sus cuentos y en por lo menos una de las dos línes exteriores del desarrollo de *Soñé que la Nieve Ardía*[5]. Estoy aludiendo a su frecuente trabajo sobre un asunto que no por estar cargado de tradición es menos suyo; que no tenía antes y que mucho menos tiene ahora para él nada de imaginario; que se halla inscrito en su biografía y que desde ella se abstrae e influye en la composición de un gran número de sus relatos haciendo que éstos articulen sus fábulas en torno al desplazamiento del protagonista desde un *habitat* conocido a otro desconocido ("La Cenicienta en San Francisco", "A las arenas", "Primera preparatoria" y "El último tren", entre los cuentos; la historia de Arturo, en *Soñé...*). En otras palabras, lo que de veras parece haberle interesado al escritor en esas obras anteriores era el distanciamiento de los personajes del caso de una realidad a la que habían dado alguna vez "por supuesta" y/o su consiguiente instalación en otra, a la que deben conocer, evaluar y convertir de alguna manera en un nuevo *habitat.* Forma es ésta que denominaremos aquí del viaje clásico, con profusos antecedentes a lo largo de la historia de los géneros narrativos, sobre todo en los siglos XIX y XX, y cuya amalgama con la *Bildungsroman* no es tampoco excepcional.[6] Como quiera que sea, con las variaciones que son previsibles, los relatos de Skármeta que rondan este esquema del viaje siguen todos el itinerario de una cierta figura en lo que acaba por ser, muy precisamente, el principio, el medio o el fin en el trámite de producción de una nueva existencia.[7] Desenlaces que se anticipan son el fracaso y el triunfo: fracaso, en Arturo; triunfo, en Lucho.

Dije ya que el distanciamiento de los personajes que pueblan los primeros relatos de Skármeta lo es de una realidad a la que ellos habrían dado alguna vez "por supuesta". Me interesa desglosar ahora esa afirmación: la

---

[5] Para un análisis más completo, véase mi trabajo "Una novela del proceso chileno: *Soñé que la nieve ardía,* de Antonio Skármeta". *Cuadernos Americanos,* XXXVI/CCXII, 3 (mayo-junio, 1977), 238-265.

[6] Vgr., las novelas de Hesse. En la novela chilena del siglo XX, sobresale el caso de *Hijo de ladrón,* de Manuel Rojas, publicada en 1951.

[7] Producción en tanto trabajo, del personaje sobre su vida, que busca cambiar, y trabajo —acéptelo o no quien lo realiza— socialmente condicionado. "...En la producción social de su vida, los hombres...", etc. Marx. *Prefacio* del 59.

existencia desde la que esos personajes "viajan" es siempre una existencia con respecto a la cual su o sus modos reguladores funcionan con segura certidumbre hasta que sobreviene una fase de crisis en la que, por cualesquiera sean las causas, dichos modos pierden la efectividad que hasta entonces tuvieran. Es obvio que esa crisis tiene que resolverse y su primera resolución, la que aparece ejemplarmente en los cuentos juveniles de Skármeta, es el viaje clásico según quedó más arriba esbozado. Esto es, el deslizar al protagonista por el mapa, alejándolo de aquello que ha llegado a serle insatisfactorio y con vistas a un reemplazo que el escritor juzga/juzgó factible en otro espacio. En los cuentos de (con) inmigrantes, en los de muchachos que se van de la casa paterna y en los de algunos personajes que se rasladan de la provincia a la ciudad esta es la estructura que prima. Muy distinto es lo que pasa con la historia central de *Soñé,* en la que también detectamos un viaje. Quisiera denominarlo el viaje histórico en su sentido más profundo. Supone la permanencia en el espacio de origen y la lucha, allí mismo, por las transformaciones que son indispensables. No se mueve en esta oportunidad al personaje geográficamente, sino que se le hace cambiar *in situ,* comprometiendo su cambio en el cambio revolucionario del mundo.

Como digo, este tipo de viaje histórico es el que organiza la fábula central de Soñé, la de *El Gordo, El Negro, La Mari, La Susana y los demás.* También en la existencia de estos personajes ha sobrevenido una crisis: el o los modos tradicionales que determinaron hasta entonces sus vidas devienen caducos. El cambio, no obstante, dejará en esta ocasión de ser privado. No menos insatisfactorio que la permanencia impasible en el lugar de origen, por lo demás asaz dudosa dadas las tendencias progresistas de la coyuntura, será el alejamiento físico. Se trata pues de cambiar, pero de cambiar cambiando el mundo. En *No pasó nada,* en una coyuntura de reflujo por cierto, este tipo de viaje histórico no deja de hacerse constar. Lucho se acuerda así de nuestro antiguo conocido El Gordo: "Le pregunté al papi qué había sido del Gordo y el papi siguió leyendo el periódico con el diccionario y me dijo que estaba en la Resistencia. Esa fue una muy buena noticia, porque yo soy admirador del Gordo. Juan Carlos Osorio se llama. Digo que me fue bien con el papi, porque siempre que le pregunto por algún tío me dice que está preso, o que está muerto, o que está en Canadá, en Rumania, en Africa, qué sé yo..." (pp. 16).

Queda de esta manera establecido que el viaje que he llamado histórico en su sentido más profundo continúa en vigor. Pese al gorilismo reinante, las posibilidades de su realización siguen en pie. El Gordo se halla embarcado en ese viaje. El mismo es la forma literaria de una actividad resistente en el interior del país. Esa forma literaria ya ha empezado a cultivarse[8] y, cuando llegue el momento en que Skármeta se haga cargo de ella, El Gordo ha de ser, nos complace augurarlo, su protagonista.

Por lo tanto, el tipo de viaje que se elabora en *No pasó nada* no debe ser confundido con el viaje de El Gordo. Es otro viaje, que arraiga en otra existencia —y otra Resistencia—. La existencia y la Resistencia cuyas opciones se debaten en la compleja coyuntura del exilio. Con todo, si bien es cierto que el viaje de Lucho no es un viaje histórico en su más profundo sentido— porque somos una retaguardia y porque el porvenir de la Patria se decide adentro y no afuera—, nos es menos cierto que tampoco se trata de un viaje clásico como los que emprendían los personajes juveniles de Skármeta. Dentro de una clase común de narraciones, se diría que el escritor se topa hoy con una especie inédita, al menos para él. Se da en ella un viaje en efecto y se da en ella en efecto una participación del protagonista en la lucha por cambiar el mundo, el mundo del que viene y el mundo en donde está. Por eso es que constituiría un grave error diluir esta forma en las otras. Sus diferencias específicas son el periplo mismo, de un lado, y su carácter involuntario y combatiente, del otro. Este último es el que alienta la esperanza o, mejor, la certeza del retorno. Claro está que el segundo distingo imposibilita la ruptura: la aniquilación total del modo o los modos de existencia que se han dejado atrás y su sustitución por otros radicalmente distintos. El retorno solo, como algo que se resuelve por convicción personal y no espontáneamente —sin contar con el peso de tradiciones que también están actuando y que en los cuentos de (con) inmigrantes tuvieron oportuna gravitación—, anula la eventualidad de empezar desde cero. En esta encrucijada pone Skármeta a Lucho. En esta encrucijada se pone él como escritor. En cuanto a Lucho, protagonista de un destino que lo desborda, éste no puede, porque se lo impiden condiciones objetivas, permanecer en el punto de partida. Tampoco puede, por condiciones esta vez esencialmente subjetivas, abandonar el punto de partida.

3. Consideremos estas dos series de condiciones. Primeramente, advertiremos un doble aquí: Berlín y su cuerpo maduro, cuasi maduro (en el manuscrito en español se nos dice que el personaje no ha "debutado" todavía); en seguida, un doble ahora: el tiempo del capitalismo central, que se enreda con el tiempo de su irrevocable adolescencia. La producción que Lucho haga de su vida futura debe tomar en cuenta estas condiciones, que son (repito) condiciones objetivas. Pero también debe tomar en cuenta

---

[8] El tema de la literatura resistente en el interior del país no ha sido objeto aún de un tratamiento sistemático. Por lo pronto, habría que distinguir dos vertientes principales: la literatura clandestina, definida y directa (tengo en mi poder *G.P.L. Revista Literaria de la Resistencia Popular,* 1, 1 (octubre-diciembre, 1978), 28 pp., que incluye narrativa, poesía, teatro y crítica), y la literatura legal.

las otras, las subjetivas. Ellas se expresan en las memorias de un doble allá: Santiago y su cuerpo de muchacho; y en las memorias de un doble entonces: el tiempo del capitalismo subdesarrollado, que se cruzó con el tiempo de sus andanzas de niño.

Dos propuestas lo cercan en este punto. La primera es la de La Casa, que se personifica en la figura de El Padre, quien no por nada carece de nombre. Es que este Padre es muchos padres; es el escritor, soy yo que pergenio estas líneas, es (quizás) usted que desprevenido me lee. Todos los que tenemos una más o menos grande reserva de vida que es la que nos permite capear el exilio, hacer como que no. Con esa reserva cuenta también El Padre de Lucho. De ahí que sea comprensible la propuesta que le hace a su hijo tienda a la continuidad y, si la continuidad no tiene cabida —no tiene cabida de hecho: Berlín está ahí; la adolescencia de Lucho está ahí—, a la prolongación de la espera. Del otro costado, se abren las múltiples expectativas de La Calle. Están Las Novias y el Michael, el amor y la amistad como relaciones potenciales e inminentes. Pero el problema es que ambas posibilidades de vínculo entrañan lo que en definitiva es un riesgo de sojuzgamiento. Es el amor, que se convierte, que podría convertirse, en repliegue a (en) los cominios de la amada; es la amistad que se trueca, que podría trocarse, en servidumbre. En lo que atañe a lo primero, no es casual que Skármeta rodee de un nimbo de música electrónica a La Sophie, maga y manipuladora inconsciente de una cultura metropolitana de masas: "... Era un perfecto Wurlitzer ...", reflexionará el narrador tiempo después (p. 30). En lo que toca a lo segundo, la motocicleta de El Michael, o su chaqueta negra de cuero, o sus tremendos anteojos de conductor son todos indicios elocuentes:"...

Entonces hubo un ruido que me asustó. A mi lado se paró una moto sacudida de vibraciones, y arriba de ella estaba montado el tal Michael. Con la misma chaqueta de cuero negra y unos enormes anteojos verdes atados con elásticos detrás de la nuca. Le dio vueltas y vueltas a la manilla y la moto roncaba y explotaba como si fuera un cohete..." (pp.65)

De lo que se sigue que, así como La Casa se personifica en la figura de El Padre, La Calle lo hace en la de Las Novias y El Michael. El Padre ha pedido contención. Las Novias y El Michael piden, en cambio, integración. Reiteremos ahora que La Calle es Berlín y su tiempo, el del capitalismo desarrollado. Estos son sin duda elementos que la adolescencia de Lucho puede asimilar en cuanto tales, tal cual ellos se ofrecen en los llamativos escaparates de la sociedad de consumo, o a los que también puede —como a todo lo que representan— enfrentar. Lucho opta (y la palabra no es excesiva) por la salida dialéctica.

Se enfrenta a La Calle. Pero es más, me atrevo a sugerir que La Calle y él se hacían señales desde antes. Que el período de contención fue en realidad de transición. Que él y La Mujer se buscaban. Que los *fouls* en el fútbol anticipaban el *foul* posterior: la soberbia patada en las bolas de El Hans. El enfrentamiento era, en fin, tan ineludible como impostergable. Rehusadas la contención, por ilusoria, y la integración, por no deseada, al personaje no le iba a quedar más salida que la de fabricarse él mismo una salida. Dicho de otra manera, lo que Lucho va a sortear —y poco importa con qué grado previo de conciencia— es que los demás, El Padre, Las Novias, El Hans, El Michael, o quien sea —proveniente de La Casa o de La Calle, esos polos extremos del conflicto—, le hagan a él la vida; que le impongan un "modelo" de adolescencia en el cual "calzar" la suya propia. En vez de favorecer una u otra de tales propuestas, la que de ser favorecida absolutamente haría de su conducta existencial un avatar sólo reproductivo, el joven acabará produciendo (se) él su adolescencia. Pasando las "pruebas del guanaco"   y entrando luego en una vida adulta cuya significación él, por sí mismo, ha de fraguar.

Para ello, Lucho elegirá de entre lo dado y construirá con (desde) eso dado-elegido otra cosa. Esa otra cosa es en principio, pero sólo en principio, su adolescencia; el umbral de, el paso hacia su vida adulta. Momentos cardinales de ese proceso productivo son: primero, aquél en el que Lucho abre las compuertas de sí mismo al oleaje indistinto de lo real, cuando acaba con la contención, cuando se levanta a La Sophie y cuando contesta a las balandronadas de El Hans con la hermosa patada que sabemos; segundo, cuando percibe las consecuencias de esos actos, cuando advierte que lo real no es inane, que La Sophie traiciona y que la patada en las bolas de El Hans no es gratuita, que aguarda impaciente su retribución —tal vez con creces—; y tercero, cuando lo real le pide finalmente cuentas y él responde a esa demanda creadoramente. En este tercer momento, creo que es legítimo sostener que el personaje produce una perspectiva ideológica y política: lo que no es compatible con ella, La Sophie, se evita y se sustituye, por La Edith. "El lunes en la mañana llegué a clase con un parche en el ojo, y Ricitos no me habló. Yo traté de acercármele pero se fue con sus amigos a reírse en el baño. El martes metí en el bolsón una caja de chocolates y encima una traducción al alemán de uno de los Veinte Poemas de Amor de Neruda. Lo copié a mano, y arriba escribí: "Los chocolates y el poema son para ti". Se lo dejé en su banco. antes que empezara la clase de literatura y entonces pude salir de la copucha de cómo se vería con los cachetes coloradistos. El miércoles pasó de mano en mano un mensaje, que lo guardo aquí como prueba, que decía: "El fin de semana tengo un bailoteo en mi casa. Te invito". El jueves me saqué el parche. El sábado bailamos cheeck-to-cheeck. "Baby, I want you to want me", me le declaré y me dijo que bueno..." (pp. 87-88); lo que sí es compatible, o lo que no puede evitarse, El Michael, se enfrenta: "Y ahí nos hicimos un sólo paquete de patadas, de sudor, de aletazos que a veces caían en el cuerpo y otras veces quedaban volando. Yo tenía la garganta hinchada de rabia. Era como si tuviera la lengua y el cuello repleto de lágrimas. ¡Pero no me iba a ver a mí llorando! Ahora quería hundirle los dedos en los ojos y reventarle la cabeza con un..." (p. 75), se gana: "Pero no me salieron los ruidos de esas palabras. Me había separado de mi propio cuerpo. Me sentía flotando en el mar de Antofagasta, azulito, en vacaciones en el norte, vi a mi papi y a mi mami hechos una llamarada, vi que me lamían suavecito, que yo salía del cuerpo de mi mami y todo era un incendio.

Cuando desperté, Miguel estaba caído a mi lado y yo dejaba caer la piedra.

Una mancha de sangre se le había secado arriba de la boca." (p. 77), y se transforma:

"Pedimos dos pizzas grandes con doble porción de queso y scampis. Mientras venían, fuimos apurando un chianti de doce marcos que estaba de mascarlo.

—Le voy a mandar saludos tuyos a mi hermano —dijo Michael.

—Me parece bien —le dije.

—¿Cuándo vuelves a Chile?

—Cuando caiga Pinochet. En el primer avión.

—¿Y cuándo va a ser eso?

—Lueguito.

Hizo un buche con el vino, y se palpó la nuca con un gesto de dolor.

—Cuando tú estés allá, me gustaría ir a visitarte. ¿Es lindo?

—Hay de todo.

—¿Y qué tal son las mujeres?

—Ricas.

...A la semana Michael apareció en una reunión del Chile Comité. Cuando mi papi lo vio entrar, me quedó mirando y me dijo que yo era un "proselitista". Esa es otra palabra que tuve que buscar en el diccionario..." (pp. 85-88).

La última parte de la cita que acabo de transcribir es el fin de la novela. La mirada y las palabras de El Padre transparentaban una aceptación oblicua del crecimiento de El Hijo. El crecimiento del joven ha cubierto en ese instante un nuevo tramo (muchos más cubrirá en el futuro: crecer se subentiende en la novela como una actividad que no cesa), tramo que en todo caso es una secuencia unitaria y que, como tal, puede narrarse. Puede demostrarse a través de ese relato que "...a reconciliation between interiority and reality, although problematic, is nevertheless possible...". Más todavía, y he aquí un importante añadido que la novela de Skármeta nos autoriza a hacerle a las abstracciones del joven Lukács, que la reconciliación aludida no sólo "...has to be sought in hard struggles and dangerous adventures..." , sino que su búsqueda es sinónima de su producción. Producción de la propia vida, que se lleva a cabo en el curso de un proceso que es a la vez materialista y dialéctico: que parte de y que está determinado por lo dado, que en última instancia acoge en sí lo dado, pero que no se reduce a eso dado; que es eso y más: una existencia nueva, con la obligación de continuar una historia (la historia del pueblo chileno de siempre, la de Lautaro y O'Higgins, la de Balmaceda y Recabarren, la de Allende y la de El Padre) y la facultad de innovarla; con la obligación de recibir y la potencialidad de agregar; y una existencia que justamente en virtud de su ejercicio cotidiano de esta dialéctica está capacitada para ser ideológica y políticamente significativa.

Con toda naturalidad, el fin del itinerario que Lucho recorre deviene de esta manera en una toma de posición ante el arduo problema de las vidas del exilio. Ese itinerario y su estación de término se los propone Lucho a El Padre en la grave complejidad de sus acciones. Se trata de acciones que deben leerse y cuyo primer lector es El Padre mismo. Por eso, al cierre de la novela, su mirada y sus palabras transparentan una aceptación oblicua del crecimiento de El Hijo, al mismo tiempo que una aceptación tácita de la validez general de la alternativa que El Hijo ha ensayado para producir ese crecimiento. Si la novela es, como creemos, una parábola; y si la condición parabólica es un atributo esencial de la *Bildungsroman* , entonces no cabe duda que Skármeta ha privilegiado esta forma con el propósito de convertir a El Hijo en maestro de El Padre. O sea, al personaje en maestro del autor, en maestro del crítico, en maestro también (quizás) de usted, lector chileno del exilio. Porque lo que habría que destacar en resumidas cuentas es que Lucho no renuncia al mundo en el que está, Berlín, pero que tampoco renuncia al mundo del que viene, Santiago. Que no renuncia al advenimiento de su adolescencia, a los tenaces requerimientos que le hace su cuerpo maduro, pero que tampoco renuncia a su niñez, a las memorias de su vida anterior, a la coherencia con un pasado que él no forjó, aun cuando también —y harto lo sabe— le pertenece. Todo eso lo reúne y lo tamiza; lo atrae y lo selecciona. Con eso construye su existencia de hoy: la existencia, cabal y plena, de un *hombre* chileno del exilio.

Concluyo por donde empecé: yo diría que lo que hay que reconocerle una vez más a la literatura de Skármeta es su apasionada voluntad de inserción en la coyuntura. Inserción que es además, para él, intervención. Literatura es esta suya que nos muestra que quien la escribe no se conforma con generar un discurso puramente reflexivo, que se asienta en las vicisitudes actuales del pueblo chileno, en esta oportunidad del segmento de afuera de ese pueblo, y que las expresa magníficamente, sino que va más allá, que toma posición, que sopesa alternativas, líneas de conducta posibles, y que sobre ellas se cuestiona. Lucho, que quiso ser cantante *pop*, hoy día quiere ser escritor. Pero aprende primero a ser hombre. Más precisamente, a ser un hombre chileno del exilio, desconfiado tanto del *ghetto* interior o exterior como de la torpe frivolidad de la entrega. Después que aprende, Lucho cuenta. Lo que cuenta es lo que al comienzo de estas notas llamé una literatura chilena del exilio en sentido estricto. No la literatura del escritor resistente en el interior del país, tampoco la literatura del escritor progresista extranjero que con nosotros colabora (no, por sobre todo no, la literatura de la humedad nostalgiosa), sino una literatura que arraiga en y que se pronuncia sobre la circunstancia de la comunidad chilena exiliada, sobre nuestra asediada, difícil, polémica circunstancia.

LA DERROTA DE LA DISTANCIA:
LA OBRA DE ANTONIO SKARMETA

Ariel Dorfman

En su última novela, *La Insurrección* (Ediciones del Norte, 1982), el escritor chileno Antonio Skármeta encuentra por fin el protagonista que ha estado buscando toda su ida: un pueblo entero.

Al relatar la rebelión sandinista de la ciudad de León en los meses, semanas, días, minutos, antes de la victoria de julio de 1979, el narrador evita cuidadosamente la trampa de construir un héroe individual. Aunque merodea más que nada en torno a los conflictos de la familia de los Menor —y ese apellido pone énfasis desde ya que lo insignificante y secundario será acá lo principal y catalizador— el foco narrativo no se restringe a sus miembros sino que va recorriendo a cada simple ser humano que se ve envuelto, casi en contra de su voluntad y definitivamente en contra de su sentido común, en una lucha a muerte, peligrosa y desgastadora, para acabar con una dictadura.

Esta técnica de ir variando incesantemente la perspectiva desde la cual se prepara la insurrección, de intensificarse adentro de un personaje para después pasar a otro y trenzarse en ese mundo de adentro y afuera, tal procedimiento estilístico podría haber sido sugerido por los hombres y mujeres de León misma. Para asaltar el cuartel general de la Guardia, ellos irán horadando un pasaje secreto entre las murallas de las casas, invadiendo como amantes embravecidos la privacidad y desamparando habitaciones, pasando de mano en mano una manguera de bomberos que va a llenarse, no de agua, sino de petróleo, hasta finalmente hacer estallar en llamas la fortaleza inexpugnable del enemigo. Para que ese instrumento bélico —un objeto de paz, ¿pero no somos todos nosotros objetos de paz, no somos todos unos cuerpos vulnerables e indefensos utilizables para más gratos propósitos? — llegue a cumplir su cometido, debe ser tocado, acariciado, adorado, temido, por cada inofensivo habitante de la ciudad en ofensiva, como si solamente el murmullo unido de las soledades y los dedos pudiera garantizar su nacimiento. El narrador hace algo similar: debe pasear su mirada por cada ojo vacilante y entregar su garganta a cada voz que busca expresión. Son seres humanos que en circunstancias normales jamás pretenderían alzar el tono o cuestionar los mandamientos, que suelen estar ensimismados en una supervivencia mínima. Conocemos al cartero, al bombero, al peluquero, al cura, a la mujer más anciana del pueblo, un niño por acá, una novia por allá, una proyeccionista de cine acullá, y más allá de ellos, y cerca, y en torno a cada uno, un enjambre, un coro, una catarata de otras existencias que se amplían en los capítulos a medida de que se extiende, como un fuego, el coraje. No habrá victoria, en efecto, hasta que esas pequeñas voluntades, esas vidas precarias, no hayan escogido el camino de la rebeldía, un camino que —como lo comprobarán en la mutilación, en la muerte, en la violación, varios de los personajes antes del final de la novela— no está exento de duras pruebas.

La insurrección, entonces, sólo se hace visible militarmente cuando ha germinado antes en hombres y mujeres comunes y corrientes. Tal proceso no es fácil.

Cuando la novela se abre, el pueblo, así como la familia Menor, está dividido. Todos odian al régimen de Somoza, pero no todos están dispuestos a arriesgar su vida para aplacar ese odio. Están comprometidos en la agridulce telaraña de lo cotidiano, ese entrabado de trabajos, expectativas amorosas, planes de matrimonio y estudio y negocios, esa maraña que suele ser más tenaz que cualquier miedo, rabia o injusticia. No sólo el terror reina, al principio de este libro como al principio de todo gobierno autoritario: imperan también la comodidad y la conveniencia, la incapacidad para imaginar otra alternativa, otra sociedad, otro mundo. Las armas se superponen a la auto-neutralización de los habitantes: la dictadura dicta y dura en los corazones y los cuerpos recalcitrantes. En el nudo central de la novela, por ende, no es sólo el temor o la drástica necesidad financiera lo que oponen a Agustín Menor, soldado de Somoza y auxiliar del Capitán Flores, a su padre y su hermana, sandinistas ambos. El también abriga sueños de salir de Nicaragua, de tener éxito en EE.UU., de "educarse" y mejorar de condición. Antes de que Agustín deserte, habrá que presenciar el oleaje general, la resaca y el vaivén lento y desesperado, de los demás personajes. Directa e indirectamente, el resto de la población lo está, se está, empujando, y cada paso tímido y menos tímido, cada compromiso empecinado y dudoso, cada decisión intransable y vaticinio de decisión, apoyan y sustentan las acciones de los demás. Si él puede finalmente romper con el ejército que ha jurado servir, es porque en forma paralela otros territorios en pugna se han ido definiendo, se han agregado otros dubitativos a la cosecha milagrosa de la ciudad. El es uno más que tiene que hacer el viaje hacia el colectivo al que pertenece, hacia el país que le han robado, un robo que no puede entenderse exclusivamente como un acto de explotación física, económica, militar o política, sino que también como un saqueo de tipo cultural. Tiene que ir él, y todos los *el* y todas las *ellas*, hacia el riesgo unánime de hacer en la realidad, el país que han intuido y protegido hasta ahora, en la multiplicación de sus intimidades.

Siendo la insurrección, por lo tanto, un fenómeno indudablemente social, Skármeta no se concentra en sus rasgos sociológicos, ni en su dimensión político-económica o en sus etapas militares. Para él, el pueblo podrá realizar esa gesta —atravesar la frontera que separa a los neutrales de los invencibles—, porque el pueblo es el último, penúltimo, definitivo poeta, el creador y guardián de un lenguaje que desafía el idioma oficial de indiferencia, mentiras y agresividad que conjuga la falsa patria. Frente a la *grandilocuencia* de la tiranía —y de los medios de comunicación con sus héroes de celuloide—, está la *elocuencia grande* de la colectividad. La rebelión como acción es factible porque los personajes se han ido acercando en su *deslengua*, haciéndose comunes en él, reconociéndose en sus alegrías, escrúpulos, alusiones y recelos. La certidumbre de combatir depende, antes, del encuentro de la palabra decencia en un tanteo de significados. El idioma se usa para convencer a los otros, para engañar a las autoridades, para consolidar una campana conjunta con la cual sonar. En esta bullente versión propia, formada de un tejido de sueños y contrasueños particulares en que confluyen las voluntades de una comunidad, la que permite y acompaña los actos de insubordinación. Asumiendo, por lo tanto, tales panoramas relámpagos, repentinos desplazamientos de puntos de vista, surgimientos de testigos e irradiaciones personales de toda especie, el texto logra ponerle rienda a una cierta tendencia natural a la dispersión para conservar su unidad básica.

Esta novela se concentra, entonces, en un pueblo tomando posesión plural de esa comarca incierta y fluctuante que es el idioma, un idioma vigilado por las balas y la desconfianza, pero también un idioma en que reside la eventualidad de conocer y extender la propia vida.

Es una batalla lenta y larga. En la situación inicial todo es equívoco, silencioso, elusivo. La primera fase nos habla de una carta que no llega a destino. La huelga de correos y el cartero que no entrega la correspondencia son la causa inmediata, la explicación aparente, de esa barrera. Pero en realidad se trata más bien de un símbolo, una evidencia entre otras, de una incomunicación crónica, de una situación humana, y por ende lingüística, deteriorada. La separación y la distancia se instalan en las palabras: los amantes monologan sin poder asegurarse de ser escuchados, mientras que los padres y los hijos desearían que la tierra les tragara las bocas y nadie los pudiera escuchar. La mentira se vuelve costumbre. Es esta circunstancia degradada, la vocación de cada personaje por convertirse en un comunicador, por encontrar un vaticinio de vocabulario que pudiera compartir, lo que fundamenta la posibilidad de que, poco a poco, como un boxeador que se vitaliza al percatarse de pronto que él es el público y no un solitario púgil en un ring, se vaya cambiando el ritmo de la narración, de que el lenguaje termine siendo —como el país— un destino común.

Si el idioma comienza, así, por ser un ejercicio de cómo sobrevivir, esgrimiendo las palabras apropiadas en el momento preciso, aprendiendo a inventar para cada nueva situación la estructura que permita convocar a los aliados mientras se confunde a los rivales, termina elevándose a un acto estético continuo e incesante en que cada cual explora con los demás el país que algún día les podría pertenecer no sólo en la imaginación. Con razón, reiteradamente, los personajes mencionan el hecho de que los sandinistas son todos poetas. Si tuviéramos tantos rifles como poetas, se lamenta uno de ellos, ya hubiéramos ganado. Pero el Capitán Flores intuye que esa es la razón por la cual, justamente, Somoza ya perdió la guerra. Se da cuenta de ello cuando lee la deposición de un bombero que ha sido torturado por hacer un croquis de la ciudad y que protesta su inocencia. A Flores no le cabe ninguna duda de que el dibujo se ha hecho para algún fin bélico (se trata, sin que lo sepa, del plan para el asalto casa a casa con manguera que mencionamos antes), pero no lo podrá probar, porque el bombero es un malabarista de las palabras. Como buen enamorado de las sílabas que revelan y disimulan, el funcionario encargado de apagar incendios va a tomar toda la retórica oficial y apropiarse de ella como si fuera un paraguas. El bombero, en una palabra, y no hace falta acá más de una, es un poeta.

De manera que la novela de Skármeta va más lejos que una mera descripción del modo por el que seres hasta ese momento intocados por el bichito de la concientización se van sumando a un proceso de radicalización. Si pudiéramos analizar el movimiento social retratado desde el punto de vista de una estrategia de alianzas, mediante el cual una vanguardia va movilizando a capas antes despolitizadas, no habríamos agotado en absoluto el mundo concreto, y no abstracto, de la obra literaria. *La Insurrección* observa, con justicia, que en tales circunstancias, las personas que participan en una revolución no tienen otra cosa que ofrecer que su propia vida, su cúmulo de experiencias particulares[1]. Esto es hasta tal punto cierto que,

---

[1] Aplico yo a los personajes la frase con que Skármeta describió su propia experiencia de creación literaria: "Al fin y al cabo, es su propia vida la cosa más cercana que cada escritor tiene para echar mano." En Working Papers of the Wilson Center:

si bien sus héroes llegan a ser cuadros políticos, el narrador bucea más bien en su mundo personal, amoroso, íntimo, que en sus actuaciones públicas. En todo caso, ocupan el paradójico centro del escenario aquellos que, por su lealtad con lo humano tal como ellos lo han ido definiendo en medio mismo de su enajenación, por haberse responsabilizado con un núcleo de esperanza, en un primer instante sin ninguna coloración política, sabrán actuar, llegado el momento, de acuerdo con las leyes de la decencia. Son ellos los que, pertenecientes a las grandes mayorías que no tienen aspiraciones de poder, sino de llevar una vida serena, manteniéndose aparte de los procesos de cambio, orilleros de la historia, insertos en su pequeño rincón y su grandísimo amor, son ellos los que han de constituir siempre el factor decisivo en una revolución. Su inercia o su pasión: ése es el problema central.

Skármeta puede fijarse en este tipo de personajes porque no son un descubrimiento suyo reciente. No es que él se haya propuesto narrar las peripecias de las mínimas vidas alteradas por la máxima historia. Mucho antes de que el Frente Nacional de Liberación Sandinista pasmara al mundo con la rebelión generalizada contra la tiranía más vieja de América, y aún antes de que Salvador Allende ganara la presidencia en Chile en 1970. Antonio Skármeta estaba narrando el delirante transcurrir de seres que, sin la menor pretensión o aspiración política, prefiguraban una potencial liberación en el modo en que iban organizando sus vidas.

Al principio, podríamos suponer que los protagonistas de las dos colecciones de cuentos de la década del sesenta (*El Entusiasmo*, 1967, y *Desnudo en el Tejado*, 1969, Premio Casa de las Américas) no son muy diferentes de tantos anti-héroes que se pudren en tanta literatura del siglo XX. Sin un peso en el bolsillo, un joven chileno muerto de hambre en Nueva York, debe vender su sangre para poder sobrevivir. En Argentina, un niño está amenazado de muerte por su rival, bastante más grande y fuerte que él. En Chile, un adolescente le emboca con la pelota al arco del básquet, pero por nada puede embocarle a la muchacha que ama. Otro joven, un ciclista, masticado por la fiebre, emprende la subida al cerro San Cristóbal, mientras su madre agoniza en un cuartucho. Acorralados en la miseria, enfermos de soledad, lejos a veces de su patria, y siempre lejos de su patria que es la comprensión de otro ser humano, sumidos en el silencio, es fácil confundirlos, inicialmente, con esos protagonistas de los mundos asfixiantes con que la llamada generación del cincuenta en Chile, importando modelos literarios franceses y norteamericanos, había expresado su desarraigo y cíclica frustración.

workshop on "The Rise of the New Latin American Narrative, 1970-1975", october 18-20.

Pero no se trata acá de los anales de víctimas amargas e indefensas, testigos, frecuentemente mudos, de su propia, y perezosa, disolución.

Lo que presenciamos, más bien, en los tempranos cuentos de Skármeta, es una incesante superación de la muerte.

Un caso ejemplar es aquel joven que ha tenido que vender su sangre en el relato "A las Arenas", anticipando, dicho sea de paso, la práctica que Somoza le impuso a su pueblo masivamente. Pero ni ese joven ni ese Skármeta saben en aquel entonces de Sandino. Ese dinero le hace falta para sobrevivir por largos días, para que su palidez de Darío no se convierta en palidez de inanición total. Pero en vez de invertir sabiamente, ahorrar, seguir el sueño del capitalismo de que cada uno puede salir adelante si compite contra su semejante y es frugal, no va a mezquinar ni un centavo y consumirá los billetes y monedas de su sangre en una sola noche gloriosa, prefiriendo hacer el amor y banquetearse con una "gringuita" que conoce, antes que seguir la ruta de Horatio Alger. No sólo eso, sino que además gasta su reserva, un dólar de plata que tenía guardado. ¿Insensato? ¿Imprudente? ¿Irracional? Quizás. Pero al desafiar de esa manera al hambre, el joven ha recuperado su cuerpo, ha derrotado ese acto de prostitución que significa tener que mercar aquella sustancia vital que nos hierve cuando estamos enamorados. En medio del basural, en medio de la jungla corrupta de la ciudad, tiene la valentía de jugarse por su propio corazón, todavía no le han quitado esa libertad de alumbrar los pájaros y árboles que todos tenemos adentro y que muchas veces ocultamos por temor. El resultado es el encuentro del amor, aunque sea fugaz; es la construcción de la solidaridad, aunque sea por ahora morada al borde de un abismo; es el amparo de las palabras, aunque sean balbucientes.

Esa misma capacidad de bregar, esa irrupción de vitalidad y humor en medio del pantano, se repite en los demás cuentos. Una y otra vez los personajes logran cruzar a fuerza de *ñeque** las barreras que separan a los seres humanos, el idioma, la rivalidad, la desconfianza, el miedo, la competencia.

Ellos pueden hacer esto, pueden inventar energía en un universo que parecería clausurado, porque están conectados secretamente con todos los demás seres humanos vivos. Cada uno vive una etapa o una experiencia fundamental, definitiva de la existencia humana, algo con que cualquiera puede identificarse. No es la odisea de un solitario átomo, sino la de un embajador de todos los hombres, que se comunica y envuelve a los demás que pasaron por situaciones similares. En sus irrestrictas, asediadas vidas, ellos repiten lo esencial de la especie: el nacimiento (como el niño de

---

* Valor, coraje, en la lengua popular chilena.

86

"Relaciones Públicas"); el primer acto sexual donde se dejan los juegos infantiles para pasar a los juegos adultos ("Basketball"); el matrimonio como un tren de estaciones contra la muerte ("Nupcias"); el país lejano y los antepasados vueltos a fundar en el rítmico cuerpo de la amada ('La Cenicienta en San Francisco').

En el tránsito de cada individuo, entonces, en su rito iniciático, en su bautismo continuo, en su resurrección incesante y labrada en el amor de cada día, estos seres que deberían —dada su condición— definirse como incapaces de levantarse, encuentran fuerza en su humanidad interna y repartida, evolucionando desde el encierro y la soledad hasta la explosión y el vuelo, buscando un pasaje ascendente hacia otra dimensión, hacia una mejoría.

Es lo que le pasa al ciclista ("El Ciclista del San Cristóbal"). El gana una carrera que, según toda lógica, debería perder. No se ha entrenado, está enfermo y deprimido, no ha dormido toda la noche. Pero lo hace para salvar a su madre. En un momento, él siente que va a caer, que el huracán que él soñó en la Plaza Bulnes lo está devorando, que la descomposición entra a su cuerpo tal como devora el de su madre. Es la misma muerte, que no quiere que gane la carrera, que no quiere que su madre sane. Pero su cuerpo fatigado, los instrumentos de la oscuridad y la nada, la falta de oxígeno, son las precisas herramientas con las cuales él vence a la muerte, que son las vías para una visión mística ("el último momento de claridad; una certeza sin juicio, intraducible") en que vislumbra la soledad responsable y solidaria de su organismo. Frente al viento devastador del aniquilamiento, se alza ese viento que cada hombre hace con su cuerpo, ese viento que desplazamos con nuestros músculos y voluntad, ese viento que es nuestra respiración y que es la respiración de ángel y de bestia del universo infinito. Este es un acto mágico, maravilloso: al destruir la extinción en su propio pecho, el joven destroza la fiebre en el cuerpo de la madre. El da nacimiento a la mujer que le dio nacimiento a él.

Pero esta elevación es posible porque el protagonista no se ha salido de los límites humanos. Por el contrario, tal como el epígrafe del cuento, de San Juan de la Cruz, lo señala, hay que "abatirse tanto, tanto", para llegar a estar "tan alto, tan alto". Esta imagen inunda y configura todo el cuento, y más allá, toda la literatura de Skármeta: "y yo iba subiendo y subiendo y bajando y bajando." Todo en el cuento es subida y simultáneamente bajada: mientras un pedal se levanta, el otro va bajando; lo mismo sucede con los pies del protagonista y el viaje entero en el cerro; la fiebre levita y luego desciende; el huracán sube y derrumba; la cuchara de la madre también. Todo refuerza la idea de que el muchacho está bajando hacia el fondo de la muerte, y está montando hacia el cielo céntrico de la resurrección en los demás. Y todo refuerza también la certidumbre del escritor de que para elevarse es necesario hundirse en lo mortal, para volar hay que tener las alas de barro, para ver la totalidad tenemos que integrarnos a la rotante inmensidad del universo como un corazón que funciona, porque todos tienen derecho a la vida.

Así, ni este protagonista ni sus compañeros de otros relatos, pretenden modificar la sociedad en que se hallan. No están signados políticamente. Lo que desean, sin embargo, tiene un sentido que podría ser entendido como revolucionario. Luchan por instalar los valores de la solidaridad a nivel individual, en parejas o pequeños grupos, en una sociedad donde todos están distanciados unos de otros, donde fuerzas represivas tratan de destruir y arrinconar la dignidad humana. Escritos estos relatos antes de que la Unidad Popular ganara las elecciones de 1970, podemos notar que en estas vidas, en esa ternura que busca compañía y amor, en esa sensualidad y locura, se estaban anticipando y expresando como ecos que quieren crear y oír su propia voz, las exigencias de una liberación más general, las presiones para una metamorfosis del sistema social que se venía gestando en la sociedad chilena y que encontró su momentánea fructificación en la victoria de Allende. Se estaba comunicando la alegría del cambio, de la rebeldía, del reencuentro del otro y de la otra, del desplazamiento de los intereses mezquinos. Los jóvenes de esos primeros cuentos de Skármeta ponen su cuerpo lleno de placer frente al viejo sistema autoritario, ponen su esperanza frente al moralismo barato de la burguesía, ponen su ironía frente a la retórica de una clase social que miente a diario en sus productos, discursos y periódicos.

Hay, entonces, en esos cuentos, un concepto de un país diferente, de un país que se construiría de la manera en que una pareja de amantes copula, de la manera en que una madre amamanta a su hijo, de la manera en que dos amigos celebran el sol en la playa de las madrugadas.

Esta visión se da, claramente, en uno de los cuentos más notables de Skármeta, "Una Vuelta en el Aire". Acá, el joven protagonista vivió en el pasado todos los signos más negativos: enfermedad, hambre, soledad, ignorancia, en un país lejano, que no comprende y que nada tiene que ver consigo. Está perdido en un invierno donde los barcos naufragan, donde el sol palidece hasta menoscabarse ("ese sol era muy poco para tanta gente, no se prodigaba como una estrella para mortales, se iba haciendo polvo en la caída" y "los chicos norteamericanos... perseguían ese poco de sol como lagartos"), donde reina lo que se arrastra y los pájaros, junto con los demás, sugieren abatimiento ("los pájaros caían tan verticales en la costa" y "no se veía ningún pájaro volando, ni nada verde, ni gente sin corbata"), y hasta el aire mismo se contagia y machuca ("el aire suavemente enfermo, levemente agrio"). Es el país de los muertos donde todo indica la infernal dirección que desciende: "como si mi pelo sucio endurecido sobre las sienes me aplastara contra el suelo"; "la gran lejanía de las carnes, el peso de los brazos".

Estas expresiones de sofocamiento son posibles porque el protagonista tiene que sobrevivir lejos de su tierra natal, ha perdido su patria, y en forma paralela ha perdido su *nombre*, ha extraviado su alma. Se repite una y otra vez la imagen de su incapacidad verbal. En esa nación se habla "en un idioma que empezaba a no entender"; "sabiendo positivamente que iba a fracasar, que no sabría jamás mi nombre: "este silencio que se me infla como una peste, que es un mal absceso, un abismo"; "yo no sabía lo que era un bautismo, no sabía que el cuerpo era capaz de extenderse como un planeta, no entendía que existiera otra manera de vivir".

Sin embargo, el protagonista narra ese mundo como pasado, definitivamente superado. Cuando se abre el relato (y se cierra), él está de nuevo en Chile (esta tierra "de montañas altas, de mucho sol, por todas partes hay pájaros"), ha conseguido una mujer fabulosa, en vez de hambre él acentúa "el declive a la chicha" y ha logrado una eficacia poética envidiable, que puede comunicar esa residencia entre los muertos. Es decir, el silencio ya no persiste, conoce su nombre, sabe subir palabras.

Pero ¿cómo se efectuó este salto entre los dos tiempos de un mismo hombre, cómo viajó de ese momento en que "aún no cantaba, ignoraba mi nombre, no me merecía la cintura de mi amante", al mundo de la literatura y el sexo plenos, la fertilidad de ángeles y madera que sube y polvo que se despide?

Al joven lo salva una poetisa (que suponemos es Gabriela Mistral, aunque nunca se confirma), la cual hace de madre suya y muere para otorgarle la vida. Al principio, el joven piensa utilizar a la anciana, irse alimentando corporalmente de ella y su paulatino fallecimiento. Pero ese plan de manipulación no va a dar resultado. Ante el funeral de la poeta, rodeada de colorete y funcionarios y de lo-que-hemos-perdido-para-siempre y lágrimas recetadas, frente a la muerte oficial y civilizada, el muchacho se da cuenta de que si ella no se eleva, él estará eternamente condenado al silencio y al ostracismo. Es esencial establecer "un contacto, un cortocircuito, una fundición, un acto de amalgama, de ligazón, de explosión, con esa mujer...; necesitaba repletar mi carne con su voz, necesitaba un fundamento." Y en ese momento enajenado, ocurren tres cosas a la vez: la bandera chilena que él había comprado para ella empieza a hincharse ("vi el sarcófago de mi muerta, amante, inflando la bandera... que se le ensanchaba en la cintura como una falda de huasas, como un vuelo de enaguas en un rodeo"); el narrador comienza a reírse; y como la risa es el viento en el hombre, ¿no es cierto?, sopla también el viento en Nueva York. Las tres manifestaciones posibilitan, anticipan, se fundan en el hecho de que la vate se pone a volar:

"y mi muerta... se levantaba como un toro que no muere" y "tu muerta echó a volar por América". Esa elevación mágica, narrada con versos de los poemas de la Mistral, ese retorno de la trovadora a sus orígenes y al pueblo que le dio lengua y oído por medio de la lengua y oído del joven, lo devuelve a él también a su patria, para que se redescubra a sí mismo y solidarice con todos los solitarios y explotados de su tierra. Así, el vuelo de la madre coincide con la revelación imaginativa del hijo adoptivo, y ambas experiencias vuelven a crear la patria olvidada. Se ha efectuado la regeneración: ella lo ha redimido a él, y al rescatarlo ha logrado sobrevivir, en el lenguaje colectivo y en la leyenda.

Para que ella pueda cumplir esa función, se la caracteriza como una *machi* araucana ("sólo le faltaban las cáscaras de papa sobre las sienes para ser una machi"); se trata de un chamán femenino chileno que, para salvar a las almas extraviadas, vuela por los aires, sube, simula la muerte, y resucita[2]. Alfred Métraux ha observado que los malos espíritus que han secuestrado el alma vienen del norte, que cada machi tiene su bandera, que no son seres sexualmente integrados, que se asocian con la flor del *copihue* (mencionado varias veces en el relato de Skármeta) y el uso del sagrado número siete cifra mística para los chamanes ("los siete pueblos por debajo se le acigüeñaban a la cordillera madre").[3]

También es interesante recordar que la ceremonia de iniciación de una nueva machi se lleva a cabo con chicha y danzas, y que es precisamente este licor y la cueca lo que predominan en la narración del ser regenerado y reintegrado a su tierra, como si él fuera el continuador de la labor poética y mágica de la madre, el sol-pájaro-montaña, Osiris que vuelve a subir, la primavera que surge su curso para volver a morir, el aprendizaje de eso que ya sabía la carne de la vieja, "ser naranja, paloma, miga, para las aves que se epifanizaban en el regazo.")

Los protagonistas de los primeros cuentos de Skármeta, por lo tanto, están profetizando a los de su última novela. Porque el rito, la revelación, el pasaje que desbarata las fuerzas del mal, es a la vez un viaje desde el silencio hacia el verbo. En cada relato esa iluminación mística, que desvela el misterio de las cosas opacas, crea la posibilidad de derrotar el silencio además de descalabrar la soledad. En *La Insurrección,* de lo que se trata es de fundar una nación, de irle dando nombres a cada persona y cada acto erótico de un país. Es un gigantesco y continuo acto de nacimiento, bautismo, matrimonio, sepelio, regeneración, en que cada destino individual se

---

[2] Mircea Eliade, *El Chamanismo y las técnicas arcaicas del éxtasis,* Fondo de Cultura Económica, México-Buenos Aires, 1960.

[3] Alfred Métraux, *Religions et magies indiennes d'Amérique du Sud,* Gallimard, París, 1967, el capítulo VII, "Le chamanisme araucan", pp. 179-235.

ve reflejado y fundido en el de los demás. La revolución se concibe como un supremo acto de *comunicación*. Un acto que ha sido preparado por millones de pequeños y grandes poetas defendiendo el idioma, reventando el silencio.

Por eso, importa tanto en los cuentos la derrota de la mudez. En "El Ciclista", como en cada relato, hay un momento sin sonidos, "pero mis palabras ondulaban entre sien y sien, entre los dientes de arriba y los de abajo, entre la saliva y las carótidas. Mis palabras eran un perfecto círculo de carne: yo jamás había dicho nada. Nunca había conversado con nadie sobre la tierra". Y ese mismo silencio le entra a mamá. La subida del cerro es así el encuentro de un *ars poetica*, la ascensión hacia la palabra. Y "Una vuelta en el aire" traza la génesis de un poeta, el movimiento desde la pústula del silencio hasta la condición y el modo en que sabe narrar la destrucción de esa plaga. Son muchos los relatos que se plantean el problema de la comunicación entre un hombre y una mujer (a veces entre dos hombres), y en varios de éstos la pareja está dividida por hablar distintos idiomas. Cuando se logra conversar (generalmente con intercambio del español e inglés, el momento toma características celestiales: "el momento de la llegada de los ángeles" ("La Cenicienta...") y "entonces como si un montón de ángeles benevolentes hubiesen oído la oración" ("Nupcias"). Para derretir "el tren subterráneo, el tren gusano, el tren templo, el tren muerte, el tren holocausto", todo lo que succiona como una víbora, se debe encontrar un lenguaje y justamente para hallarlo, para serlo, es necesario pasar por esa ceremonia transmutadora, como ocurre en "Relaciones Públicas", un renacimiento que inaugura siempre lo sexual, otra forma del contacto. Así, el momento de iluminación *es* el hallazgo de un vocabulario, comunicarse es desde ya transformar el universo, y la función expresiva se subleva y respira bajo una constelación mágica. Por eso, se puede afirmar que el relato mismo, entero, se narra desde esa experiencia reveladora, el estilo del yo que escribe es el resultado de haber pasado por un momento esencial, en que ha quedado de manifiesto el asombroso carácter del todo. La iluminación que centraliza el acto poético formalmente y que consigue el protagonista, irradia consecuencias para el modo en que se narra: el cuento mismo está pensado como una radical apertura del mundo para el lector, como el deseo de hacerlo copartícipe, para que vuele por medio de un nuevo lenguaje. La narración misma repite en círculos mayores el alucinado aullido del protagonista, y su función es exorcizar, hechizar, la misma dimensión mágica y desvirgadora de todo acto supremo y valiente de conocimiento. Ni es casual que los recursos audaces se intensifiquen desfachatadamente cuando se narra el exacto momento del rito iniciaco, ya que ese instante es efectivamente culminación y fuente del acto poético, quintaesencia de lo que es narrado en su conjunto, aquello que da sentido y coherencia al todo.

"Basketball" es donde más claramente puede observarse esta estructura: cómo se hizo escritor el que narra, cómo se escribió el cuento que estamos leyendo. La capacidad mágica para jugar a la pelota y encestarla como un pájaro ("y salía disparando mi pájaro, mi alondra, mi palomita de mierda"), hacerla volar, se trocará en la potencia sexual (el cuero y el pájaro son palabras polisémicas) y en la elevación literaria. El juego no es únicamente una sublimación sexual, es también una sublimación verbal: "y yo no tenía un vocabulario, una pura peste inflada de silencio, pura sinopsis", "alguien había metido ese silencio en la mañana", "y fui pujando las palabras aunque estuviera tan mudo, tan certeramente de incógnito en el planeta". El se convertirá en escritor para incluir en el arte todo lo que no da "ni para una nota al margen de una novela, "todo lo que cabalga triste y alto debajo de las imágenes televisivas y de cine, todos los "como quien dice", los "y todo eso", los "qué le iba a hacer", todo lo desamparado y cotidianamente cultural. Escribir es una forma de continuar el vuelo del protagonista, de permitir y acompañar esa levitación. Son actos simultáneos.

Por eso, toda la obra de Skármeta ha sido una búsqueda de renovación del lenguaje, intentando refrescarlo, desabrocharlo, desnudarlo, volverlo a vestir como para una boda. El autor trata su prosa exactamente como los protagonistas tratan sus vidas: algo que hay que redescubrir, algo que puede morirse a cada rato si no estamos vigilantes, algo que sirve para derrotar el silencio y no para encubrirlo. Para Skármeta, escribir es como respirar. Pero ¡cuidado! : no todos sabemos respirar. No es tan fácil amparar los pulmones y el esófago y al mismo tiempo brindarles soltura para que actúen con naturalidad, como el movimiento de la tierra o el crecimiento del pasto. No es tan fácil conciliar el trabajo de elaboración en que consiste todo acto creativo individual con el arraigue en el territorio comunitario espontáneo que exhibe todo lenguaje auténticamente popular.

La explosividad y precisión del arte de Skármeta están destinadas a destruir todo lo que limita y frustra la expresión humana. Con ironía e irreverencia, asaltan los estereotipos lingüísticos con que tantos seres humanos enmascaran su incapacidad para arriesgarse a pensar e imaginar por su propia cuenta, forzándonos a rehacer el mundo y cuestionar sus fundamentos. Contra el idioma que oculta la realidad, Skármeta lanza los tiros libres de sus insolencias, y la picardía y audacia de sus héroes. Hay que burlarse de la rutinaria repetición con que siempre nos tratan de encajonar y esquematizar. Pero también reconoce la urgencia de fundar un idioma más popular, más cercano al lector, menos cerrado. El entrecruzamiento de un lenguaje culto y una desfachatez popular, la aparición de figuras del mundo de la canción y del cine al lado de una tradición literaria selecta, el uso de frases directas junto con un humor absurdo, todo tiene por objeto tratar de fundir los dos universos de la creación poética, el del pueblo y el del artista, recordando que nada es sagrado y que el escritor tiene como función ayudar al hombre a amanecer. Darío y Cardenal con gotas de lluvia en el inmenso aguacero del pueblo nicaragüense y su ronroneo continuo; los testimonios de la rebelión se insertan directamente y sin inconsistencia adentro del relato lírico de un profesional; Neruda y la Mistral aparecen con toda naturalidad, socializados y rencarnados en el hervidero proceso de palabras con que el pueblo chileno se va contactando. Incluso, en una última obra teatral de Skármeta, *Ardiente Paciencia,* Pablo Neruda ayuda a un cartero a enamorar no sólo a una muchacha sino que a convencer a la madre esquiva de que los deje casarse.

Pero esta alianza entre un pueblo de poetas y los poetas del pueblo, esta alianza entre los luchadores contra el silencio colectivo e individual, que se alimentan mutuamente, que se superponen, que se inspiran unos a otros, que se roban y se prestan amorosamente la fecundidad nutricia de las palabras, esta alianza es algo que hay que ganar, es algo que necesita crecimiento de una y de otra parte.

Ese crecimiento no puede entenderse como meramente simbólico o mágico. Para que cada visión liberadora encuentre a las demás, debe consolidarse en una estructura social que la posibilite y garantice, en que cada ciudadano tiene derecho a controlar su vida tal como controla los medios de expresar la hermosura. Para expropiar y repartir el poder emocional e intelectual, es necesario disputar el poder económico y político.

Los protagonistas de Skármeta, como el autor mismo, van a tener que zambullirse en esa marejada espesa y complicada que se llama *Historia,* van a tener que denunciar que, allá, al lado de ellos, tan cerca que deberían ser hermanos, se yergue otro tipo de seres, que practican el odio, la maldad, la farsa, aquellos que se colocan entre la humanidad potencial y su realización efectiva como una mancha o un charco que, en vez de reflejar el cielo, reflejara el barro.

Ya en el primer cuento que Skármeta produjo a raíz de la lucha política que siguió al triunfo de Allende, "El Cigarrillo", se enfoca un protagonista que se diferencia de los angelicales rebeldes de las narraciones previas. Tomando como base un hecho verdadero ocurrido durante la marcha de las "ollas vacías"* en diciembre de 1971, se nos presenta un mercenario.

---

* Llamada en Chile "la marcha de las cacerolas", ésta fue organizada por las damas de los barrios elegantes de Santiago, que salieron a la calle con sus sirvientas a protestar por la falta de productos de consumo haciendo golpear las tapas de éstas.

El vende sus servicios de matón a la misma clase social responsable de su propia miseria y la de su familia. Puesto en esa perspectiva, su búsqueda de "liberación" personal es un intento por ahogar una conciencia intranquila, una preocupación por el placer de su propio cuerpo (sexo y alcohol), un arribismo que busca la mujer de clase alta y el wiskacho; por otra parte su rebeldía es cobardía política, su idioma supuestamente de moda es una muestra de dependencia cultural.

Si ese enemigo estuviera sólo al frente, si fuera sólo el revés de los héroes solidarios anteriores, una mera negación del futuro, un libro con las páginas en blanco, estaríamos frente a una considerable simplificación histórica. Pero el enemigo está adentro y no exclusivamente en la otra trinchera. Es posible atraer y convencer a seres que provienen de las capas populares, es posible lanzarlos contra su propia fraternidad, porque los mitos y los poderosos tienen una persistencia y un arraigue tan ubicuos y profundos como los himnos y los poemas de los liberadores y de los amantes, porque ia clase social que monopoliza la economía y controla las fuerzas armadas, puede enredar en su lenguaje y en su ética a vastos sectores que deberían sentirse interpretados por otras personas, aquellas que no tienen otras armas que la organización de su propia dignidad rebelde.

En "El Cigarrillo", la clase dominante hace inversamente con el joven lo que la clase insurgente hará con Agustín en *La Insurrección* una década más tarde: ganarlo para su causa.

Al lograrlo con muchas personas, conseguirá la derrota de la Unidad Popular, aprestándose para el golpe fascista de 1973.

De manera que Skármeta va a tener que presenciar en la dura historia suya de todos los días, la suya y la de su país, una situación que desmiente su esperanza, una situación que socava sus profecías de liberación, una situación en que los seres satánicos evidencian más poderío que los arcángeles.

Skármeta no rehúye la complejidad de este tipo de lección. Por el contrario, logra lo que es, probablemente, su mejor obra hasta ahora, justamente reexaminando a fondo, poniendo a prueba, los presupuestos sociales y personales de su literatura. En *Soñé que la Nieve Ardía* (1975), él va a enfrentar entre sí a diferentes concepciones de lo que es el ser humano, y de lo que son los artistas, haciéndolas cohabitar un mismo espacio y tiempo, el Santiago del año previo al golpe.

A la capital arriba Arturo, un genio futbolístico, un plástico de la pelota, un deportista de milagro, un joven tristemente virgen, con dos propósitos: por una parte, convertirse en estrella y ganar mucho dinero; por la otra, acostarse con una muchacha. Desafortunadamente para él, sus sueños de autorrealización se van a hacer añicos en contra de la historia colectiva del pueblo chileno que está tratando de armar un experimento socialista. El ha decidido subir sobre la base de su individualismo, los valores de la competencia, la manipulación de los demás, el egoísmo, el cinismo total, justo en un momento en que quienes lo rodean en la pensión donde se cobija están practicando una humanidad diferente, la necesidad de construir entre todos una sociedad que no tenga por base el que unos pocos pisoteen a los muchos. Arturo quiere tener éxito en el mundo público y en el mundo privado. Los valores que le sirven para surgir y ascender en el primero de estos mundos, guardando para sí los talentos que podrían ser útiles a los demás, son, sin embargo, aquellos que le obstaculizan el amor en el mundo privado, íntimo, de los sentimientos. El va a tener que renunciar a uno de sus sueños. En el Chile en transformación, puede ser hombre de negocios o puede ser amante, puede acumular dinero o puede acumular amigos. Frente a su idea de sí mismo como un artista del esférico, como alguien que se considera propietario exclusivo, con marca registrada, de sus habilidades mágicas, está un colectivo popular, un grupo de muchachos y chicas que consideran que la vida misma es su obra de arte, y que modelan entre todos un idioma enteramente suyo, generoso, dialógico, envolvente, creador. Arturo está invadido por el silencio o más bien dicho, su silencio está lleno de su propio ego, de su propia mitología. Si quiere amar, es decir, si quiere comunicarse, va a tener que abandonar su trayectoria pública, sus sueños dominantes, su visión de su propio poder, tendrá que deshacer cada una de sus ilusiones de grandeza para mirarse en el espejo de los demás. En el fondo y detrás de su narcisismo, está ese *sí mismo* que es un ser histórico, donde sus acciones tienen un contexto ético. No le será fácil dejar de hablar el idioma que le han enseñado y que le garantiza notoriedad y lujo, no le será fácil empezar a hablar el idioma que se está creando contra los intereses privados que son los suyos. Demasiado tarde, Arturo se da cuenta de que para hacer la travesía hacia el amor y el verbo de los demás que no sea puro *bla-bla,* tendrá que descubrirse como artista que se entrega socialmente y no como un artista que vive para el mercado.

Esta tardanza es su tragedia, y es la tragedia de Chile. Los militares asaltan el poder y destruyen la democracia en ese país precisamente para defender su mito del éxito individual, el derecho de alguien de ascender a costa de los demás, el machismo como dominación y subordinación de los indefensos. Para que él pueda soñar con ese estrellato, ese sueño de subir desde el anonimato hasta la fama, desde la miseria hasta la opulencia, las fuerzas armadas chilenas tienen que asesinar a las personas que, en torno a él en la pensión, le han murmurado y susurrado que es posible pronunciar con alivio la palabra amor.

Pero estas dos maneras de concebir el arte no son las únicas que aparecen en *Soñé que la Nieve Ardía.* Arturo y los compañeros oponen sus dos perspectivas antagónicas en el plano de lo cotidiano verificable, son representantes realistas de clases que entraron en conflicto durante los años 72 y 73 en el nada ficticio Chile de esos años. Muy otra es la situación de un personaje diferente, el Sr. Pequeño. Este también es artista, pero fracasado y de *vodeville*. Pertenece, como lo ha señalado Grinor Rojo[4] a una tradición literaria por entero diversa: es lo onírico, lo absurdo, lo existencial, lo que no sabe comunicarse ni cabe en ninguna parte. El cruza por el Chile de Allende como un cometa invisible, casi sin rozar a los protagonistas enfrascados en su debate, misteriosamente huyendo de una pesadilla, protegido por los ángeles, intentando rescatar los residuos de un mundo imaginario que no sea utilitario, ni en forma individual (como el de Arturo) ni en forma social (como el de los compañeros). Vive sumido en un cosmos propio, enclaustrado en visiones surreales, infrarreales, suprarreales, entregándose a una fantasía que no puede fructificar en ninguna sociedad particular, que está igualmente alejada de la forma en que Arturo o sus contrincantes sueñan el futuro.

Por una parte, la introducción de este personaje (que tiene antecedentes en cuentos previos de Skármeta) permite comentar los esfuerzos de los demás desde una perspectiva ahistórica, subconsciente, una quimera fuera del tiempo. Pero más importante: agrega otra dimensión, intransable, inasible, a una estructura literaria que ya estaba fraccionada. En efecto, no sólo la bipolaridad de la anécdota de Arturo y los militantes quiebra la unidad, sino que el mundo de estos últimos está escindido por desarmonías y desacuerdos que no han sido superados por el torrencial y plural monólogo suyo, exento de puntuación y casi de *modus dicendi*. Así que el Sr. Pequeño agrega a la fractura de lo imaginario, otro segmento que participa a contrapelo en un movimiento de voluntades que no pueden concertar una estrategia única y unívoca en el lenguaje. Estamos presenciando, entonces, las razones de la derrota de la Unidad Popular, los idiomas centrípetos de un país que no logró clarificar sus objetivos y las posibilidades de materializarlos. La vitalidad de los militantes, la poesía arrolladora y de canción de cuna y de himno de guerra, el amor que exudan a cada instante, es insuficiente para centrar el mundo, para responder a las dudas de Arturo y del Señor Pequeño. De una manera paradójica, ellos también están sumergidos en lo onírico, en cuanto no ven lo que se les viene encima, siguen cantando y celebrándose ante una muerte que avanza. No podrán socializar los mundos privados que se les niegan, o por lo menos, no lo harán a tiempo. No es, no puede ser, una casualidad, que los dos individuos más importantes en

---

[4] Grínor Rojo, "Una novela del proceso chileno: *Soñé que la Nieve Ardía*, de Antonio Skármeta", edición mimeo, 1976, pp. 24.

esta novela que retrata un proceso colectivo, sean ambos apolíticos, ambos marginales, ambos seres aislados. A Arturo se le convence cuando ya es tarde. El Señor Pequeño ni siquiera escucha la discusión.

Skármeta presenta una sociedad que marcha hacia su crisis, sin lograr ninguno de sus sectores, hegemonizar una salida sin sangre. Los sueños de los tres sectores de esta novela se interfieren, se obstaculizan y, por último, dadas las circunstancias históricas, piden lo imposible: piden —como dice el epígrafe de la novela— a la nieve arder, piden al fuego helarse.

Es esta mutua cancelación lo que no ocurre en el victorioso desarrollo o desenlace de *La Insurrección*. En esta novela, Skármeta reafirma su visionaria profecía central de que sólo en cuanto se vaya creando una comunidad nacional, producto de la confluencia del pueblo como intelectual y de los intelectuales como pueblo, puede derrotarse a la muerte erigida en sistema y en gobierno. La problematización de la realidad que royó *Soñé que la Nieva Ardía* está evitada, aunque no superada, en *La Insurrección*. El proceso de alianzas y de tensiones dentro de la coalición que echó a Somoza es vago en esta última obra. Agustín representa —en forma débil— las aspiraciones sociales de una burguesía que ha perdido el control del país, y él no puede, por lo tanto, encarnar, como lo hace Arturo, todas las contradicciones sexuales y sociales del pujante mito que el capitalismo disemina y bombea en los cerebros y en los corazones. Arturo está ligado ideológicamente a una clase que va a quedarse en el poder; Agustín se va desenganchando de una clase que lo está perdiendo. Pero aún así, el hecho de que Agustín, el personaje que evoluciona de una manera similar a la de Arturo, el personaje problema, convenientemente sea despachado al final de la novela, es significativo. Es como si Skármeta no quisiera, en su ardua crónica de amor sandinista, inyectar ningún elemento de esos que hicieron frustrarse el proceso chileno. Se congela al pueblo en la instantánea de la victoria en el momento de su unanimidad política y estética.

Para ponerlo de otro modo: leyendo esta novela, uno no podría predecir la tirantez del período post-insurreccional en Nicaragua, el hecho de que quienes participaron en el derrocamiento del tirano no comparten siempre una evaluación idéntica del futuro y de las opciones para la nación. *La Insurrección* rehusa aventurarse en el campo minado de los desgarros y las tensiones que, sin duda, ya estaban presentes en el transcurso mismo de la lucha contra Somoza, tensiones no en torno al miedo del presente sino en torno al miedo del futuro.

Pero este soslayo, esta elusión, no puede deberse a un afán ciego o triunfalista de parte de Skármeta. Después de todo, quién indagó con tanta descarnada ternura las contradicciones de la Unidad Popular no puede haber dejado de percibir los problemas que acecharían a los "nicas" cuando tuvieran, en vez de destruir a los centuriones del viejo orden, que construir una sociedad nueva.

La razón es otra.

La Insurrección no puede leerse únicamente como un reportaje a una realidad contemporánea e inmediata. No hay que olvidar que se trata de la recreación que hace un escritor chileno de un país cuyos matices no le son familiares y que él investigó en profundidad solamente después del triunfo de 1979.

Entre la sociedad nicaragüense y el escritor chileno hay una distancia, una distancia que sirve para conseguir un apropiado efecto narrativo.

Desde la perspectiva del exilio, Nicaragua aparece como un lugar histórico donde el novelista puede proyectar las esperanzas para su propio pueblo. Ese país de Centroamérica actúa como un chamán social y político para el escritor chileno exiliado y para el pueblo chileno exiliado de su propia historia y geografía. *La Insurrección* casi podría titularse "Una Vuelta en la Tierra", porque de lo que se trata es, desde el extranjero, refundar el país originario despedazado por el fascismo, volver a encontrar un sitio en el planeta donde los héroes comunes y corrientes de toda la vida de Skármeta puedan encontrar modo de comunicarse con los demás y, comunicándose, echar las bases para una sociedad que esté de acuerdo con la poesía enmarañada con que sienten sus propias existencias.

La obra del exilio de Skármeta ha sido, después de la fragmentación esperanzada de *Soñé que la Nieve Ardía,* un intento de reconstitución de la nacionalidad herida y dispersa, de hallar los fundamentos en el lenguaje y en la realidad —es decir, en la gente— del Chile que pueda pensarse como futuro y no como pretérito.

En varios cuentos se ha tratado de percibir la forma en que un país tiene que volver a explorar los límites de su dignidad en una situación imposible. Los dos amantes que se separan en "La Pareja" lo hacen con la promesa impronunciable de una reunión más honda en la historia, anticipando los dolores, aquellas múltiples muertes y retrocesos que *La Insurrección* no esquiva, que esperan a quien se atreva a seguir buscando la libertad. El niño de "La Composición" y el profesor de "la llamada" presagian, con su astucia, en su uso del idioma oficial, al bombero de la rebelión sandinista. El ensayo general para Nicaragua se da en forma legendaria en el cuento, supuestamente infantil, "La Mancha", en que la dictadura se aísla porque es incapaz de apagar las estrellas en los ojos de los habitantes de ese planeta.

Todos ellos son los custodios del país verdadero. Su búsqueda activa, y no ya defensiva es el tema del radioteatro que se llama, en efecto "La busca". Si en un primer nivel, un padre trata de hallar las huellas de su hijo secuestrado por la policía secreta, finalmente el progenitor no lo podrá hacer si antes no viaja por todo Chile, calibrando la tierra que le dara una nueva y plural descendencia, conquistando para sí y para el auditor la revelación de la pujanza y el humor de una nación sometida a un extrañamiento.

Skármeta, como su personaje, va recorriendo en sus ficciones el país que le ha sido negado por la historia contigua y cimentando en cada persona que inspecciona la fuerza y flexibilidad de los valores más nobles.

Esto queda especialmente claro si examinamos la breve novela para jóvenes, *No-pasó-nada*. El núcleo de este libro ya está en el cuento, escrito años antes, "Relaciones Públicas". Pero la misma peripecia (un niño que crece está amenazado por uno más grande) cambia de sentido al situarse en el exilio de Berlín. La lucha del protagonista no es únicamente por nacer él a la mayoría de edad sino que es, a la vez, darle nacimiento en su interior a la patria lejana, hallar un modo de ser leal a sus orígenes y de ser leal también a sus experiencias inmediatas.

En cada obra suya desde que salió de Chile, Skármeta pone a prueba la nación, pone a prueba la cultura popular del hombre común que es la última muralla de resistencia contra los intentos de sojuzgar a la persona humana y convertirla en una máquina, productora de bienes, compradora de bienes, un puro objeto de consumo ella misma.

La Insurrección, entonces, tan repleta de personajes reales y cotidianos, tan familiares, no puede entenderse como una obra realista. El pueblo chileno está adentro y al lado del nicaragüense en las calles de León, el incendio de Neruda sirve para describir el fuego que consume el cuartel de la Guardia, los militares y los amantes de Nicaragua actúan como si estuvieran enfrentándose en Concepción o Talca o Antofagasta.

Skármeta está, como siempre, llenando su obra de futuro, proponiendo que todo sucede en cada país y que cada país es el país de la esperanza, en que la inminencia de lo que va a suceder, de lo que va a liberarse, es más fuerte que el peso y el descenso actuales.

La Insurrección es una obra del exilio porque, con sus carteros que finalmente entregan la correspondencia y con su lenguaje que finalmente contacta a un pueblo con su libertad, es una derrota de la distancia.

Debajo de los dichos nicaragüenses, de las nubes centroamericanas, muy adentro de los corazones de los seguidores de Sandino, está profetizando lo que va a pasar en el Chile de mañana cuando el pueblo y sus poetas utilicen por fin a fondo aquellas metáforas que deberían ser más fieras que las peores ametralladoras.

EL CONTEXTO HISTORICO-GENERACIONAL DE LA LITERATURA DE ANTONIO SKARMETA

Juan Armando Epple

1. La narrativa hispanoamericana de la década del 60-70

> *"Se pone joven el tiempo*
> *y acepta del tiempo el reto*
> *qué suerte que el tiempo joven*
> *le falte al tiempo el respeto".*
>
> *(M. Benedetti, "Cielito de los muchachos")*

En las décadas que van de 1960 a 1980 asistimos al desarrollo pleno, distintivo, de la narrativa del "boom" latinoamericano. La convivencia íntima con esta literatura, que constituye un hito clásico de la cultura latinoamericana contemporánea y a la vez extiende su vigencia hasta estos días, hace difícil acotarla desde una perspectiva de distanciamiento temporal para diferenciarla de la obra juvenil que empezó a surgir a mediados del 60 y que comienza a imponer una perspectiva segura y original en la narrativa reciente.

La significación excepcional de la literatura del "boom" representa la consolidación artística de experiencias vitales y modos de interpretación de la realidad que se explican restrictivamente a la luz de las coordenadas histórico-sociales y estéticas prevalecientes en la década del 50 y del 60. Para la mayor parte de estos autores, su obra de madurez constituye la culminación de una larga búsqueda, la consolidación de un esfuerzo creativo y un desarrollo literario que se venía gestando a lo largo de varios años. En este sentido, sus obras definen una cosmovisión en que se lee la experiencia y los sueños de un continente en busca de su unidad histórica y cultural. El hecho de que las preocupaciones básicas de esa narrativa (la indagación por lo americano como realidad distintiva y unívoca, la representación del mundo a partir de concepciones míticas, existenciales, ético-morales o poéticas, y sobre todo la postulación de una identidad "latinoamericana") alcancen su culminación en el momento en que América Latina empieza a vivir una nueva etapa, a trazar sus caminos de liberación, muestra una vez más ese carácter especulativo y visionario de la literatura: la imaginación como proyección de los conflictos y sueños de la historia.

Pero a la vez que se difunde esta obra mayor, alcanzando un pronto reconocimiento internacional y proponiendo una imagen totalizadora de lo americano, en las distintas geografías humanas de América Latina aparece una bullente promoción de escritores cuyo aprendizaje y horizonte de expectativas se afirma en el espacio concreto de esa cotidianidad histórica, mitificada o utopizada en la literatura precedente, donde los caminos hacia el cambio liberador muestran, más acá del aura mágica con que fueron imaginados en la década anterior, su tensa y problemática trabazón real. Se trata de un grupo disímil de autores que irrumpió en la escena literaria de sus respectivos países con una voluntad de renovación de los cánones temáticos y estilísticos y una madurez para explorar las posibilidades del oficio que pronto los distinguió en la atención de la crítica y del público (generando en algunos países su propio boom, como ocurrió con los "novísimos narradores" argentinos o con la "generación de la onda" en México). Jóvenes herederos del boom ya consagrado que buscaban asumir, con singular entusiasmo y explicable arrogancia, la tarea de ampliar la exploración de las formas narrativas abiertas por la tradición precedente (llegando en algunos casos extremos a propiciar una revolución de la escritura, prefiguración o simple sublimación de la necesidad de cambiar la realidad) y a la vez dar cuenta de las experiencias subjetivas, sociales y culturales de la juventud latinoamericana, presentadas como vivencias inéditas y excepcionalmente originales.[1]

Para distinguir a esta promoción juvenil, la crítica se vio obligada a recurrir una vez más a las manidas etiquetas de "nueva narrativa", "novísima narrativa", "narrativa joven", "nueva generación", "novísima generación", o simplemente la denominación práctica de "narrativa reciente".

---

[1] Me he referido a esta promoción juvenil, intentando una caracterización que se separa del tradicional criterio historiográfico "generacional", en el artículo "Estos novísimos narradores hispanoamericanos", *Texto Crítico*, N. 9 (1978): 143-1964. En el presente artículo actualizo algunas de esas observaciones.

Estamos conscientes de la insuficiencia de estos nombres como criterio periodístico de caracterización literaria y de su ambigüedad como concepto historiográfico: el término "joven" es un diferenciador meramente biológico; el concepto de "generación", que se ha usado extensa e indiscriminadamente en la historiografía literaria, esconde una concepción biologista de la historia; y el término "nuevo" (herencia idealista del modernismo) suele privilegiar la novedad formal de la escritura como expresión natural de las transformaciones de la cultura histórica y, cuando no es posible sostener esta visión, su divorcio absoluto. De acuerdo a la perspectiva ideológica prevaleciente en la crítica que se ha apropiado de estos términos: los jóvenes, por el hecho de ser jóvenes, se agrupan social o tribalmente en una generación diferenciada, y esta generación produce, invariablemente, una "nueva" literatura. Pero que, feliz o desafortunadamente, la realidad es más compleja: no toda la literatura que se escribe hoy, me refiero a aquella que produce un conocimiento "nuevo" del mundo, está siendo escrita por jóvenes, y no todos los jóvenes están escribiendo una literatura "nueva".

Una caracterización más justa del fenómeno del cambio literario obliga a atender el trasfondo histórico y cultural desde el cual surge y se proyecta distintivamente la "nueva" narrativa, y en relación al cual va definiendo los rasgos diferenciadores que permiten evaluarla como un paso más, en cierta forma acotado, del recorrido histórico y de la evolución de la literatura hispanoamericana. Por una parte, habría que tener presente aquellos aspectos generales del cambio social y del clima político y cultural que se percibe en el continente a partir de 1960, y que inciden en la modificación de las perspectivas creadoras de los jóvenes escritores; a la vez, habría que atender a dos elementos que resultan ineludibles para caracterizar adecuadamente la índole específica y el alcance de esta renovación literaria: primero, la existencia de rasgos diferenciadores en las condiciones histórico-sociales de cada país, más allá del imperativo de la unidad latinoamericana que se esgrime como óptica para describir este fenómeno (es muy distinto, por ejemplo, el clima sociopolítico que gesta la épica juvenil de la revolución cubana de la contradictoria realidad de Brasil, Argentina o Venezuela, donde el entusiasmo transformador se empantana pronto en la subjetividad y en un escéptico ingenio verbal), y segundo, el peso de una tradición literaria nacional, en cuyo marco las obras de cada país explican su sentido en términos de diálogo y renovación, de continuidad y ruptura.

Creemos que el surgimiento de una nueva promoción de narradores hispanoamericanos, que de modo provisional podríamos distinguir como "generación histórica del 60-70", se enmarca en el período histórico que va de la consolidación de la Revolución Cubana y los proyectos de democratización y cambios sociales que se intentan en otros países del continente, y el advenimiento de los regímenes fascistas en el Cono Sur, que prodigan sus sombras pesadillescas en la década del 70. Este contradictorio clima histórico, con sus expectativas concretas de cambio y sus no menos concretas derrotas y frustraciones, define el aprendizaje vital y la experiencia formadora de esos jóvenes escritores que empiezan a publicar a mediados de los años sesenta.

Esa historia contribuye a explicar ese complejo y dispar movimiento de aperturas y repliegues, de entusiasmo por romper con los moldes sociales, culturales y lingüísticos delo establecido y de subjetivación de la rebeldía, en obras donde lo histórico comienza a eludirse en beneficio de la sobrevaloración de espacios íntimos, que se exaltan en oposición a la precariedad aparente de la realidad inmediata.

Para quienes comenzaron a escribir cuando la Revolución Cubana se afirmaba como un proceso histórico distintivo en el continente, ese acontecimiento es percibido a la vez como un estímulo que invita a reevaluar la realidad latinoamericana, a cuestionar sus bases, y opera a la vez como un modelo lejano, las puertas de un estadio distinto del mundo, en relación al cual el presente nacional, su rostro oficial, resulta profundamente inauténtico y decepcionante. Es significativo que sea justamente en aquellos países en que la burguesía congela pronto, con la ductibilidad de su poder (Venezuela, México) o con su aparato armado (Uruguay, Argentina), los imperativos de cambio, donde los jóvenes narradores empiezan a mostrar, en la indeterminación anímica que ordena sus discursos y en la provocadora pero indiscriminada energía crítica que canalizan, un debate íntimo entre afirmación y desconfianza, entre el anhelo por definir una personalidad nueva y la dificultad para instalarla en cauces sólidos y precisos. Y esta oposición entre voluntad de ser e imposibilidad de definir las bases concretas que deben fundar el mundo deseado hace que muchas novelas se queden en una mera enunciación de la fantasía, bajo la postulación inefable de que la realidad se crea a partir del lenguaje y que ese lenguaje creado es, en sí, la realidad. El deseo de libertad concreta, histórica, se sublima como libertad imaginativa, y el imperativo de la revolución se sublima como revolución del lenguaje.

Los autores anteriores, reaccionando contra los cánones gastados del realismo, habían hecho de la autonomía estética una de las bases esenciales de la concepción de la novela, enfatizando el rol creador, fundacional, del lenguaje. Carlos Fuentes, por ejemplo, postulaba: "La nueva novela hispanoamericana se presenta como una nueva fundación del lenguaje contra los prolongamientos calcinados de nuestra falsa y feudal fundación del origen, y su lenguaje igualmente falso y anacrónico. Primero, que si en América las obras literarias se contentasen con reflejar y justificar el orden establecido, serían anacrónicas, inútiles. Y segundo, que las burguesías de América Latina quisieran una literatura sublimante que las salvase de la vulgaridad y

les otorgase una aura "esencial", "permanente", "inmóvil". Nuestra literatura es verdaderamente revolucionaria en cuanto le niega al orden establecido el léxico que éste quisiera y le opone el lenguaje de la alarma, de la
pluralidad de significados, de la constelación de alusiones, de la apertura".[2]

Pero esta apertura —pasemos por alto su trasfondo idealista— estaba de
alguna manera regida por un sistema coherente de significaciones, dando
origen a una cosmovisión distintiva, inteligible ideológica y estéticamente.
Incluso la novela que ha sido alabada como el paradigma de la "obra
abierta", *Rayuela*, está sostenida por coordenadas orgánicas, cuyas dicotomías —y su filiación ideológica— han sido analizadas con precisión y claridad por Jaime Concha.[3]

¿Qué rasgos presenta, en su momento inicial, la literatura posterior al
boom? Nos referimos a aquella que alcanza mayor difusión y reconocimiento crítico, pero considerando a la vez que hay otros autores jóvenes
cuya obra, orientada por perspectivas ideológicas y estéticas de mayor
lucidez y rigor, y ajenas a la tentación de la experimentación lingüística,
no fue destacada en la década del 70. Estos autores, junto a los que
superaron su inicial etapa de pololeo con las formas encantatorias del
lenguaje, comienzan a imponer su voz cuando el público latinoamericano y
extranjero busca una lectura más clara de la contradictoria y desgarrada
realidad del continente.

La promoción juvenil (y el término alude aquí a su reconocimiento e
inserción en los circuitos editoriales y en las secciones de reseñas de las
revistas) muestra por una parte un conocimiento atento de la literatura
precedente y una notable capacidad para asimilar las técnicas narrativas
más prestigiosas; por otra, hacen gala de una desenfadada voluntad para
subvertir los modelos tradicionales de la cultura oficial y tentar nuevas vías
de apropiación y organización de la experiencia cotidiana, vías que van
fundándose como una aventura lingüística en que la imaginación y el
ludismo desacralizan constantemente lo estatuido, poniendo al desnudo las
constantes precarias del mundo. Si gran parte de la literatura precedente
estaba motivada por un anhelo fundacional, traducido en obras que se
proponían como "sumas literarias", síntesis totalizadoras de lo "latinoamericano", la literatura juvenil parece descreer de cualquier fundamento
preestablecido, y desde la perspectiva de una conciencia adánica, se lanza a
la búsqueda de respuestas originales para lo humano. Al someter a una

---

[2] Carlos Fuentes, *La nueva novela latinoamericana* (México: Joaquín Mortiz,
1969), pp. 31-32.

[3] Jaime Concha, "Criticando Rayuela", *Texto Crítico* N. 1 (1975): 70-89.

problematización extrema el mundo narrado, sin proponer una síntesis comprensiva de esa realidad poética, el texto suele convertirse en el reducto de un simple estado de ánimo, crítico y solitario.

Ya en 1972, Cedomil Goic destacó este rasgo diferencial respecto a la novela latinoamericana inmediatamente anterior: "En la novela joven se presenta un mundo eminentemente inestable. Una resta permanente configura la realidad, y no ya una suma picassiana. Es decir, la presentación de la realidad consiste en buena medida en una derogación de lo previamente estatuido. La instauración de un mundo no implica en esta novela consolidación y permanencia, sino un rápido desembocar en la decepción de lo narrado (...). El mundo, en la novela reciente, no es nunca un cosmos acabado: es siempre una suerte de creación en estado naciente, imbuida de ludismo y de imaginación extrema."[4]

Angel Rama, por otro lado, al analizar los rasgos distintivos de la joven literatura uruguaya, y destacar dos elementos condicionantes del nuevo momento literario (la influencia cortaziana en la apertura de los parámetros para enfrentar la realidad y el sentimiento de frustración ante un mundo que se resiste al cambio) señala tres características que en gran medida comparte la literatura de otros países:

"1, un rechazo de las formas —y, por ende, de la filosofía inspiradora— de la literatura recibida, en cuanto ella manifestaba una sociedad cuyo estancamiento, vejez, temor, son ahora superdestacados hasta escamotear la expresión de cualesquiera otra virtud que la asignara; 2, una desconfianza generalizada por las formas recibidas que traducen el mundo real, a partir de la comprobación de que las bases de ese mundo se presentan como repentinamente inseguras, inestables, imprevisibles, adquiriendo un estado fluído propio de inminentes cambios, rehusándose a cristalizaciones en estructuras firmes, rehusando todo punto de apoyo sólido y preciso; tal vivencia explica la nota experimental que domina la búsqueda de correlatos estéticos de lo real en esta literatura, poblando los textos de visiones estremecedoras del medio ambiente; quienes lo vivieron aferrados a las convenciones interpretativas no se reconocerán en primera instancia, pero luego percibirán la tonalidad correspondiente al estado de cambio constante; 3, una irrupción sobre ese magma inseguro que remeda lo real, de un despliegue imaginativo signado por una nota de libertad irrestricta que fácilmente se confunde con la gratuidad, con el juego, con la alucinación onírica, quizás porque se desplaza en el exclusivo campo de imaginación, funcionando en una zona sin resistencia, como si hubiera cortado o suspen-

---

[4] Cedomil Goic, *Historia de la novela hispanoamericana* (Valparaíso: Ediciones Universitarias de Valparaíso, 1972), pp. 276-278.

dido temporariamente sus lazos con aquella realidad que, al devenir cambiante, insegura, impredecible, ha dejado de condicionar o limitar el funcionamiento de la imaginación, que normalmente desde ella parte y a ella responde u obedece, y que ahora se distiende, independiente, sin freno, por el universo".[5]

A mi juicio, esta joven narrativa incorpora a la literatura actual —sin que ello importe un cambio radical con respecto a la tradición que la precede, con la que existen varios puntos de articulación— tres elementos potencialmente renovadores en la exploración del presente latinoamericano, y que en algunas obras fueron desarrollados con notable eficacia artística: la parodia de los géneros literarios y los códigos oficiales del lenguaje, la caracterización protagónica del estrato adolescente y juvenil de la sociedad de cada país y la incorporación a la textualidad narrativa de la expresividad poética, como forma natural de decir.

Son logros que al absolutizarse y repetirse, brillan para iluminar también sus carencias.

El acto de cuestionar irónica y socarronamente las formas tradidas de lo oficial, cuyo peso sigue gravitando en la cotidianidad del mundo cultural, impone un doble proceso que dinamiza tensamente el mundo literario: apropiación de la tradición y desacralización de sus fundamentos. Y esto lleva a un resultado natural, como opción configuradora del texto: la parodia. La parodia como un mecanismo poético que se apropia de un modelo para desenmascararlo y desarticular sus pautas ideológicas, pequeño acto parricida que suele oscilar entre la fijación y el rechazo, entre el reconocimiento y la trasgresión. No es azaroso que casi todas las obras de esta promoción presenten, en algunos de sus niveles de configuración, elementos paródicos. En general, es una parodia que busca derogar las formas convencionales de esos lenguajes cuya persistencia retórica señala el estancamiento ideológico-cultural de la sociedad: géneros y sub-géneros literarios, formas del discurso 'científico', político o judicial; formas típicas de los medios de comunicación de masas, como la crónica periodística, la entrevista, el guión radiofónico o televisivo, etc.

Uno de los aportes novedosos a la representación literaria es la utilización paródica de géneros del pasado o sub-géneros pertenecientes al ámbito popular de la cultura. En el primer caso encontramos la crónica biográfica (*El mundo alucinante,* de Reynaldo Arenas, 1969), la novela picaresca (*Guía de pecadores,* de Gudiño Kieffer, 1972), el folletín (*Boquitas pintadas,* de Manuel Puig, 1969), las formas memorialísticas y jurídicas de la

---

[5] Angel Rama, "El estremecimiento nuevo en la narrativa uruguaya", *Nueva Narrativa Hispanoamericana,* Vol. II, N. 1 (1972), pp. 8-9.

Conquista (*Rajatabla,* de Luis Britto García), etc.[6] En el segundo caso, las evocaciones paródicas del cuento de hadas y las historietas infantiles: "La cenicienta en San Francisco", "Nupcias" (1967), de Antonio Skármeta, "Para comerte mejor" (1968), de Gudiño Kieffer, *La princesa del Palacio de Hierro* (1974) y *Compadre Lobo* (1980) de Gustavo Sáinz, *Batman en Chile* (1973), de Enrique Lihn, etc.

La voluntad de redefinir los contornos de la realidad inmediata, rechazando las abstracciones teológicas y míticas de algunos autores del boom, que aventuraban una interpretación unívoca del mundo latinoamericano, lleva a esta hueste juvenil a instalar en personajes adolescentes el núcleo básico de la experiencia y la aprehensión de lo real. Este repliegue a la circunstancialidad del vivir personal, a la valoración de momentos privilegiados del crecimiento, poetizados como experiencias fundamentales, permite desplegar una mirada desprejuiciada hacia la cotidianidad histórica que trajinan los personajes, revelando aspectos de la realidad nacional que se ignoraban en las armónicas elaboraciones estéticas precedentes. Pero a la vez, al sublimar ese repertorio de experiencias adolescentes y recortarlo restrictivamente en oposición al degradado mundo adulto, las aísla de las tensiones del mundo histórico-social que pretenden cambiar, terminando muchas veces en una simple celebración de la individualidad o del grupo generacional.

Antonio Skármeta, cuya evolución literaria va acompañada de una consistente reflexión crítica y autocrítica, ha dedicado dos artículos a analizar las características de esta literatura: "La novísima generación: varias características y un límite" (1976)[7] y "Perspectiva de los novísimos" (1981)[8]. En el segundo artículo señala:

"La borrachera que provoca la explosión lírica del lenguaje coloquial (de perfecto equilibrio antes en Rulfo) lleva a los narradores jóvenes, y en especial a los mexicanos, a absolutizar la jerga de su edad. La palabra se carga de un slang que es la clave selectiva con que una generación se mira a

---

[6] En algunas novelas chilenas post-golpe, como *Casa de campo* (1978) de José Donoso, o *El museo de cera* (1981), de Jorge Edwards, la parodia de la novela decimonónica expresa, veladamente, la crítica a una involución histórica del país; en otros textos, como *Chilex* (1978), de Ariel Dorfman, reeditado en 1979 con el título *Nueva Guía Turística para un País del Tercer Mundo,* o *Lihn-Pompier* y *El arte de la palabra,* de Enrique Lihn, el elemento paródico se tiñe de una fuerte sanción satírica.

[7] Antonio Skármeta, "La novísima generación: varias características y un límite", *Revista de Literatura Hispanoamericana,* Venezuela, N. 10 (1976): 9-18.

[8] Antonio Skármeta, "Perspectiva de los novísimos", *Hispamérica,* Estados Unidos, N. 28 (1981): 49-64.

sí misma. Desde este lujoso ghetto —coches, Acapulco, boutique, Europa, bares, hoteles, música rock— se mira socarronamente y con desdén el mundo de los adultos. Los mayores tienen grandes palabras en la boca, pero con pleno cinismo, manejan la sociedad a su amaño y conveniencia. Si es algo que los jóvenes han aprendido de ellos, es la estrategia del cinismo. Voluntariamente laterales a la vida adulta, desafectos a la burguesía, la ironizan a distancia, y no se les ocurre presentarla como un mundo susceptible de cambio. Los grupos llevan vidas paralelas. Más interesados que en profundizar y desnudar la mediocridad y el escándalo de la sociedad como lo había hecho Carlos Fuentes en sus novelas ciudadanas, los narradores del clan juvenil se encuentran más a gusto exprimiendo concentradamente los néctares de la edad. (...) Bordean la trivialidad, y sus textos viven más que por la escasa dimensión de sus aventuras o el interés de sus héroes, por la apasionante atracción a la literatura de un sector ciudadano hasta entonces informulado y por la delirante labia de un lenguaje descorsetado que se regocijaba a sí mismo" (p. 57).

Finalmente, la preocupación central de los nuevos autores, más allá de la parodia, es la exploración de las variadas opciones del lenguaje, y particularmente de sus facultades intuitivo-poéticas, para dar cuenta de una realidad que se presenta azarosa y mutable. La preocupación central por el lenguaje, en que se cuestiona o celebra el acto mismo de escribir, puede conducir a resultados distintos, y de hecho así ha ocurrido: por una parte, la posibilidad de descubrir otras dimensiones, secretas, mágicas o coloquiales del mundo, y revelar lo distintivo de la comunidad que lo habita; por otra, el peligro de quedarse empantanado en las efusiones líricas de una escritura que termina espejeándose a sí misma, incapaz de establecer relaciones significativas entre la conciencia creadora y el mundo exterior. En este último caso, el lenguaje sólo sostiene un juego hedonista que se gratifica con las posibilidades de la experiencia narrativa, y donde el narrador, como Narciso frente a su imagen, sólo es capaz de reflejarse a sí mismo, de espaldas al resto del mundo, hasta terminar confundiendo la imagen con la realidad.

La variada producción juvenil provee ejemplos claros tanto de la fecundidad como de la esterilidad de este despliegue imaginativo.

La obra de Antonio Skármeta, que revisamos panorámicamente en las páginas que siguen, constituye un ejemplo excepcional de talento literario que aprende a unir las prerrogativas de la fantasía con la necesidad de interpretar la realidad, y donde los pájaros de la imaginación dejan de enamorarse de su propio tejido de palabras para buscar en el precario e iluminante territorio de nuestra historia colectiva la razón de sus vuelos.

2. Los dioses juveniles

"tenemos que encontrarnos
cada uno somos el contiguo del otro
en las junturas quedará la historia
de una buena esperanza remendada".

M. Benedetti, *"Croquis para un día".*

En la evolución literaria de Antonio Skármeta es posible discernir dos etapas, que se correlacionan con momentos distintos de la evolución del país, y ante los cuales el autor reformula paulatinamente sus temas y su expresividad. No se trata aquí de fijar una relación mecánica, menos con un escritor alejado de las restricciones descriptivas de la literatura realista, sino de destacar el contrastante clima histórico-cultural en que esa literatura ejerce sus opciones imaginativas.

La primera se sitúa entre el período reformista que se inicia con el gobierno de Frei en 1964 y la articulación del proyecto político de los sectores de izquierda y el golpe militar de 1973. La obra que escribe en esta etapa va de *El entusiasmo* (1973) hasta *Soñé que la nieve ardía* (escrita en su mayor parte en los años de la Unidad Popular y terminada en 1974, en Argentina). Las narraciones que escribe en los años del gobierno popular no se separan de las búsquedas anteriores, sino que las dotan de una carnatura y un rostro socialmente definido. La segunda etapa se inicia a partir de 1974, en el exilio, donde al mismo tiempo que expande su trabajo creador (además de la literatura centrada, inicialmente, en la situación de represión en Chile, en las contradicciones del exilio, o en la épica de la revolución nicaragüense, escribe obras de teatro e ingresa, guiones en mano, al mundo del cine) debe someter a parámetros más rigurosos y esenciales la tensión de la memoria y la fantasía. En dos artículos recientes Skármeta reflexiona sobre este cambio.[9]

Las vicisitudes del proceso nacional no determinan, en todo caso, un ciclo evolutivo con separaciones tajantes, sino que activan un aprendizaje y un desarrollo literario cuyo eje motivador es la voluntad de instalarse en la tensión colectiva del momento, sopesar sus motivaciones y comunicar su temperatura histórica, ampliando y redefiniendo el alcance de su obra. Así, los cambios más importantes de su narrativa vienen, de algún modo, prefigurados en los pasos anteriores.

---

[9] Antonio Skármeta, "La reformulación del status del escritor en el exilio", *Primer Cuaderno de Ensayo Chileno* (Ottawa: Ediciones Cordillera, 1980): 2-13; y "La nueva condición del escritor en el exilio", *Araucaria* N. 19 (1982): 133-141; el otro texto es "Ahorrar bajo el ala del sombrero una lágrima asomada", *Araucaria* N. 9 (1980): 137-142.

Desde mediados de los años 60 los jóvenes narradores chilenos comienzan a imponerle un ritmo nuevo al relato nacional, una revitalización en que la sospecha (o el deseo) de estar a las puertas del quiebre del viejo orden institucional (del cual el gobierno de Alessandri parecía una recauchada prolongación) buscaba expresarse en un lenguaje más desinhibido y libre. Oponen al racionalismo cauto y mesurado de la generación del 38 y a las graves elucubraciones existencialistas y teológicas de la generación del 50 una actitud des-prejuiciada, de inocente irreverencia, y donde lo que importa es desacralizar las categorías (las formas de conducta, los lenguajes, los símbolos, etc.) que modelan lo establecido, más que proponer respuestas rotundas sobre el deber ser de la sociedad. Es un acto de afirmación individual más que grupal. Las obras privilegian la experiencia de un yo dialogando abiertamente con el mundo, trajinando su epidermis en busca de poéticas resonancias, en una expansión prometeica de la voluntad, y buscando compartir un temple de ánimo a la vez irónico y solidario. La exploración de un nuevo lenguaje literario, atento al ritmo de las incitaciones cotidianas más que a las teorías, prefiguraba idealistamente las posibilidades de cambiar la realidad que podían estar gestándose (o que deberían estar) en la vida colectiva del país.

El primer libro de Antonio Skármeta, *El entusiasmo* (1967) es un exponente precursor de esta actitud, y el título que sin duda atrae estas connotaciones. Sus personajes entran a la cancha con olímpico desenfado, dispuestos a correr las calles de Santiago o desplazarse a otras geografías sin que les preocupe mucho el premio que van a obtener en la carrera. Los magros premios que puedan merecer en el camino los comparten con exagerada prodigalidad, a cuenta de futuras performances. De lo que se trata es de salir de la casa, que en todo caso es más modesta y permisiva que las casas grandes que agobiaban, con sus momificadas tradiciones y personajes de salón (*Casa grande,* de Orrego Luco, *Gran señor y rajadiablos,* de Eduardo Barrios, *Coronación,* de José Donoso) los impulsos de liberación personal de algunos personajes de la tradición literaria chilena, cuyos autores, con acceso a los entretelones de la alta burguesía, mostraban discretamente. Cuando los personajes de Skármeta, salidos de la clase media, regresen de su viaje de aprendizaje, que incluye escapadas a San Francisco y New York, no será para reintegrarse a la tibia comodidad de la casita de origen sino para elegir la pensión de barrio y estar cerca de donde las papas queman.

En la actitud narrativa   de estos cuentos y en las exploraciones que acometen los jóvenes protagonistas predomina el optimismo, a veces voluntarista, junto a la pasión por lo concreto, que existe en las *Odas elementales* de Neruda. Algunos de estos personajes ("El joven con el cuento", "Al trote") ostentan esos poemas en la mochila. Pero en el viaje que emprenden, desplazamiento a la vez físico y espiritual, tránsito de un espacio precario a otro potenciador de nueva vida, la afirmación personal que buscan no logra superar el individualismo y la subjetividad del periplo que trazan sobre el mundo. Los cuentos que luego Skármeta salvará de este libro, incorporándolos a las antologías *El ciclista del San Cristóbal (1973)* y *Novios y solitarios (1975)* son los que instalan la ayentura liberadora en la inter-relación humana con el otro o la otra, es decir, donde la savia vital se hace comunicante. Y esto se produce en espacios alejados del mundo formal y falso que amenaza codificar sus sueños: generalmente lejos del país, en un exilio voluntario.

Un elemento recurrente en estos cuentos, y que alcanza una eficacia artística notable en *Desnudo en el tejado* (1969), especialmente en "Una vuelta en el aire" y "El ciclista del San Cristóbal", es la imagen del vuelo y su correlación con el *leit motif* de los pájaros (un estudio estilístico de sus primeros libros podría mostrar cómo funcionan, a nivel estructural y significativo estos elementos). El vuelo, símbolo del deseo de vivir, de aprehender otros aires, pone en juego no sólo la movilidad sensorial del cuerpo que se desplaza, sino la articulación lingüística como un acto respiratorio, que va fundando sus verdades provisorias, poéticamente, al ritmo del suceso que describe. Es en este libro donde la expansividad lírica del lenguaje logra insertarse con mayor rigor técnico en la estructura narrativa del relato, superando el lirismo accesorio que antes superponía el cauce dramático de los sucesos narrados.

En *Tiro Libre* (1973), que reúne cuentos escritos durante el período de la Unidad Popular, los personajes juveniles de Skármeta no tienen necesidad de salir del país para sacudirse el peso convencional que los aprisiona. Ahora es la realidad nacional la que ha empezado a moverse y modificar su fisonomía a un ritmo inusitado, y basta integrarse a ella, a sopesar sus contrastantes motivaciones, para gestar el cambio liberador que sueñan. El crecimiento biológico, con su aprehensión sensual y emotiva del mundo circundante, va unido ahora a un aprendizaje grupal y a la formación de una conciencia política. Sin transar sus requisitorias individuales, los personajes someten su formación vital a las distintas opciones de participación social que les ofrece el país. Sus aprendizajes juveniles se redefinen, a este nivel, como una libre toma de posición de clases en el proceso chileno.

En *Soñé que la nieve ardía* (1975) la interacción entre los destinos individuales de los personajes y los de la comunidad histórica en que hacen su vida, entre el sueño personal y el colectivo, alcanza su mejor concreción dramática y vuelo artístico.

La novela enlaza tres historias, cuyos protagonistas ostentan distintos proyectos de vida, distintas opciones de vivir la realidad convulsionada y rica del Chile de Allende. Dos de estas historias se oponen radicalmente como modos de vida (la de Arturo, el jugador de fútbol, y la del grupo de muchachos que vive en una pensión, y que se ha unido en torno a tareas políticas comunes). La tercera historia, la del simpático pero oscuro artista de variedades, parece ir por otro rumbo: el de la marginalidad absoluta, pintoresca pero de magia gratuita, que se disolverá sin dejar huellas.

La historia de Arturo reedita —y a la vez subvierte— el conocido motivo del provinciano en Santiago, y tiene como antecedente literario al ilustre Martín Rivas. Arturo viaja a Santiago dispuesto a triunfar de acuerdo al viejo proyecto individualista de vida prestigiado por el liberalismo decimonónico y sus sucedáneos contemporáneos, esperando encontrar un mundo de acuerdo a las expectativas que alimenta el sistema tradicional. Pronto irá enfrentándose a un mundo en proceso de cambio, y su aprendizaje tendrá una escuela muy opuesta a la de Martín Rivas: se trata esta vez, no del proyecto burgués y su concepción ideológica, sino del proyecto histórico de transición al socialismo que ensaya el pueblo, y en cuyos marcos la vida del joven futbolista irá sufriendo íntimos y solidarios remezones. Las formas de su aprendizaje, más que imponer a priori un modelo ideológico o una conducta social que se adquiere como un traje nuevo, validan como punto de partida los tanteos disímiles, exploratorios, de la relación interpersonal. Aquí se manifiesta una vez más el motivo preferido de Skármeta: la búsqueda de afirmación personal a través del encuentro dialogante con el otro, búsqueda que no reconoce patrones (en el sentido literario e ideológico) sino que los va creando en el contacto inmediato, sensorial, con la colectividad a que se integra.

El grupo de muchachos que vive en la pensión, y que representa la contrapartida del individualismo de Arturo, muestra en su actitud grupal, en su sensibilidad y entereza, y sobre todo en su humilde y heroica entrega al proceso chileno, la potencialidad liberadora de la juventud chilena.

La oposición entre estas dos historias se refuerza por el uso de dos modos narrativos distintos: en un caso, predomina el narrador personal, subjetivo (ese narrador que concebía la novela como un mundo privado), y en el otro, el narrador busca expresar una épica juvenil en ciernes, la de un grupo donde ya no destaca la aventura personal ni los protagonistas individuales; en el segundo caso, como ha señalado Grinor Rojo, "sus predicados narrativos no son ya psicológicos; son históricos".

La novela termina con el golpe militar y la destrucción violenta de ese proyecto y de ese aprendizaje liberador que se iba fraguando en la sociedad chilena, y en el cual los jóvenes maduraban rápidamente para merecer un rol protagónico en un futuro cercano. Pero el autor que ha seguido sus pasos con una cercanía afectiva y un entusiasmo expresivo que lo hace a veces meterse en el mundo narrado, asistir a una concentración, bailar con la muchacha y ofrecerle un poema, ingresa a lo que queda de esa íntima colectividad que es la pensión a preguntar por el destino de sus personajes, y con emoción contenida y un parco guiño cómplice nos asegura que no todo se ha perdido, que muchos de ellos están en las dramáticas calles del país iniciando otro capítulo de sus vidas, bajo otros parámetros y ante otros retos históricos, y quizás compartiendo ya la nueva experiencia con el autor que las narre.

La obra que empieza a escribir Skármeta en el exilio expande sus temas, buscando dar cuenta de las rupturas, desplazamientos y rearticulaciones de la dispersa comunidad nacional: relatos que instalan la mirada en la represiva realidad del interior ("La llamada", "La composición", "La mancha"), en el contradictorio y potencialmente rico mundo del exilio ("Hombre con el clavel en la boca", *Nopasónada*) o en la reformulación emotiva de una identidad nacional, a la vez histórica y poética (su reciente obra de teatro *Ardiente paciencia*).

En *Nopasónada* (1980) la atención está puesta una vez más en un personaje juvenil, cuyo aprendizaje vital e inserción en el mundo social es una exploración de las opciones inéditas del exilio. Es un adolescente, hijo de exiliados chilenos que viven en Berlín, y que se enfrenta a dos caminos, a dos modelos contrastantes de existencia: el que le proporciona la familia, que es el nexo y la prolongación de un mundo cuyo centro sigue siendo el país de origen, y el que le ofrece el presente concreto, tangible, de Berlín. Modos de existencia que se le ofrecen como modelos ya dados donde calzar su vida. El primero lo llama a hacer suyo un pasado, un paso que aun cuando él no forjó, es parte de una historia que él sabe que también le pertenece, historia que orienta el presente de sus padres y les permite sobrellevar el presente del exilio; el segundo lo llama a la integración al mundo social y cultural del país en que está viviendo. Estas dos propuestas, que se anulan mutuamente, lo único que pueden producir es un tiempo de contención, de espera: poner la vida y sus tensiones entre paréntesis.

Y éste es justamente el punto de partida de la novela, el dilema a que se refiere el título, y que corresponde al sobrenombre del muchacho: No pasónada. Pero él, en la vitalidad de su adolescencia, con la necesidad imperiosa de afirmar sus pasos, no podría aceptar esta contención. Debe encontrar, desde su propia experiencia, una salida, una existencia que tenga sentido, que levante como un atributo capaz de redefinir el nombre que le han obsequiado. Es éste el proceso que narra la novela, desde la perspectiva del joven: su crecimiento y formación, su trayectoria de cachorro adolescente. La producción de su vida se lleva a cabo como un proceso dialéctico: por una parte, asumiendo de lo dado su base ineludible; por otras, sin quedarse en la mera elección de eso dado, proyectando sus pasos como una existencia nueva, a través de la aceptación (y resolución) de los problemas y retos que le imponen sus concretas circunstancias actuales. Es decir, el muchacho no renuncia al mundo y la historia de la que viene (Chile) ni renuncia al mundo en el que está, el espacio concreto de su crecimiento y madurez (Berlín); pero tampoco opta por la reclusión en ese tiempo de espera de sus mayores (alimentado por las acciones de apoyo solidario a la lucha del interior y por el sueño del retorno) o la entrega impulsiva a las incitaciones del mundo extranjero. Afirmando los pasos en esta doble propuesta, sopesa alternativas y selecciona una base de conducta propia, y termina por definir un modelo de acción que es, rigurosamente, el que puede otorgarle sentido a la existencia del chileno exiliado: un proyecto a la vez de continuación de una historia que empezó a escribirse al otro lado de la Cordillera (que se sigue escribiendo allá) y de potenciación de esa historia en los nuevos parámetros de vida y acciones concretas que desarrolla la comunidad exiliada.[10]

A partir de *Estravagario* (1958), Neruda reformuló su visión poética pasando del voluntarismo idealizador de las Odas a una actitud de aceptación abierta de las contradicciones como ingredientes constitutivos de la realidad y signo de lo humano, invitando a vivirlas como sustrato básico de la carnatura histórica del hombre y motor de sus tareas y sueños.

Del mismo modo, en su obra reciente Antonio Skármeta vuelve a instalar su mirada y su imaginación en las complejas circunstancias del presente chileno y latinoamericano, buscando en esa cotidianidad histórica los signos fulgurantes, esas chispitas esperanzadas que preludien la superación victoriosa de las contradicciones que a la vez problematizan nuestra realidad y definen el horizonte de nuestros sueños: la esperanza en que la Cordillera arda por fin y muestre sus caminos secretos, en que también pase algo en el exilio, en que los novios anulen mutuamente sus soledades, en que la insurrección amplíe sus espacios liberadores, en que la ardiente paciencia que fraguó las palabras del poeta sea una de las llaves eficaces que ayuden a conquistar la espléndida ciudad del futuro.

En estas pistas tientan suerte sus personajes, a los que el autor sólo da la partida para que busquen sus propias metas, invitando a que el creciente público lector se aferre a ellos con la fe del apostador. Como en esa cancha que frecuenta Skármeta, el experto en galgos (arrastrando allá incluso a sus fieles críticos, para que se jueguen hasta la camisa) donde los cachorros sueñan con alcanzar la liebre mecánica que les han puesto por delante, y los espectadores en recuperar por fin todas sus pérdidas si la liebre se desarma y los galgos entran juntos a la meta.

---

[10] En su excelente artículo "Notas sobre *Nopasónada*" (incluido en este libro), del que soy deudor en mis líneas sobre esta novela, Grínor Rojo analiza en detalle su estructura y sentido, destacando que ella configura lo que puede definirse, en sentido estricto, como literatura chilena del exilio.

SEGUNDA PARTE

EL CUERPO Y LAS PALABRAS:
GENESIS DE UNA LITERATURA

Iscorti CARTENS

> — *Antonio, después de haber salido de tu país en medio de una gran incertidumbre, has vivido más de 5 años en el exilio. ¿Puedes contarnos de qué parte de Chile vienes y cómo fue tu vida allí?*

Nací en el norte de Chile en una ciudad que se llama Antofagasta, una ciudad que tiene un paisaje muy particular. Es un puerto. La mayoría de sus casas son de madera vieja y está rodeado por un desierto, uno de los desiertos más violentos del mundo. Es una ciudad con un gran comercio, el puerto es muy activo de donde salen materiales de la gran minería chilena al resto del mundo. En un tiempo salía mucho salitre, actualmente es uno de los embarcaderos de cobre.

Yo creo que el hecho de haber nacido en esta ciudad, de haber crecido en ella, tiene alguna relación con la formación de mi sensibilidad y con mi mundo literario. Primero, es una ciudad con mar. Esto significa que los ojos se te pierden en el horizonte, lo cual significa que puedes dedicarte largo tiempo a meditar. La belleza de la naturaleza con un mar frío, fuerte, es un estímulo para la meditación dilatada. Esto es si miras para un lado. Porque si miras para atrás, hacia el desierto, ahí la cosa es más grave. Porque el mar tiene el movimiento. El desierto tiene la quietud del silencio. Esta quietud y este silencio es la primera lección que un ser humano tiene en la vida. O sea que el mundo está hecho no solamente de gente que se mueve, gente que habla, que no solamente en el mundo hay palabras y acciones, sino que está lo quieto, lo pétreo, la nada, el desierto, grandes dimensiones sin vida. La presencia de las rocas, las montañas, el

119

calor. Todo esto condiciona tu sensibilidad. Por ejemplo, yo de este paisaje aprendí que el hombre es un elemento apenas superior a los elementos de la naturaleza. Mucho tiempo anduve transmitiendo en la onda de que lo que diferenciaba al hombre del resto de las cosas era la conciencia. Elemento diferenciador que no necesariamente me entusiasmaba mayormente. Digamos, sentí un gran amor por las cosas concretas, y un gran pavor. Roca, piedra, arena, mar, casas, y los seres humanos en medio de esto. Una gran sensación de soledad y de miedo. Todo eso, en ese paisaje, esa mezcla de oasis y desierto, están como fundidas la vida y la muerte. Cuando veía la estabilidad de los elementos naturales, la repetición incesante del mar, la contundencia del desierto, pensaba en la eternidad de lo inamovible, de lo inanimado. Y como contraste, las meditaciones infantiles eran lo precario, lo frágil de la existencia. Siempre me pareció más rotunda la existencia del paisaje que la existencia del ser humano. O sea crezco, con un sentimiento de que la vida es frágil, débil, es inútil, que lo que reina finalmente en el mundo es ese silencio que hay ahí a tus espaldas o ese movimiento frente a ti, ese movimiento vano e incesante de autorepetición del mar.

En ese sentido, el lugar donde viví, yo creo que en algo define mi sensibilidad, y luego constituye un elemento de mi literatura que es la intrascendencia del ser humano. Yo creo que ésa es una clave de mi obra. O sea el ser humano no es ninguna cosa demasiado especial. Y de allí viene un movimiento que después mi literatura va a tener entre lo trivial y lo metafísico, lo trascendente y lo intrascendente. Por ejemplo, mis personajes suelen partir de situaciones extremadamente intrascendentes y desde allí son conducidos a una especie de vuelo metafísico. Este vuelo metafísico significa una revisión del sentido de la existencia. Y después estos personajes vuelven a la cotidianeidad de la cual parten en su vuelo. Esto qué significa. La meditación, la fantasía del ser humano, es inútil. Todo, al fin y al cabo, termina en la cosa concreta, en lo cotidiano, en lo elemental, en lo mínimo. Y de allí viene también mi amor por todo lo banal y lo intrascendente. Y de allí viene mi desamor por todo lo cultural. A mí la cultura no me interesa como obra de la humanidad. Todo lo que el hombre ha pensado desde los albores del pensamiento humano hasta ahora, comparado con la seguridad con que la naturaleza se enfrenta a sí misma, me parece un episodio de segunda alcurnia.

Esto para explicarte algunos elementos. Ahora, todo esto lo improviso. Probablemente pueda pensarlo mejor y formularlo de una manera no tan "brutal". Pero ya que me preguntas por la influencia del paisaje y del pueblo en mi sensibilidad tendría que decirte que la cosa es así.

Incluso yo he definido mis cuentos como "cuentos aviones". O sea son cuentos que están muy a ras de tierra, pegan un vuelo, pero no se quedan en el aire, bajan y aterrizan. Esa "aterrizada" es lo definitorio.

Por eso a mí me da mucha risa y mucha pena la gente que se afana tanto por sus propios asuntos, por sus carreras, por sus vocaciones, por el éxito. Porque siempre he tenido la sensación de que esas huevadas no valen la pena.

Con esto tiene también un aspecto religioso de mi formación, que creo que está en mi obra también. Digamos todo eso, que es naturaleza, que es infinito, que es distancia, que es lejanía, me crea también una imagen de trascendencia. Pero una trascendencia, yo te diría, a modo de Rulfo. Ese dios, que puede que haya, es un dios que no se diferencia demasiado de las cosas que hay acá. Digamos que es una suerte de trascendencia parecida a la naturaleza. No es un dios superior, ni un dios omnipotente. Sino un dios a la medida de los hombres, un misterio, aun para sí mismo. No creo que dios sea clarividente, que se entienda a sí mismo.

— *A mí me llama la atención, me sorprende un poco, tu confesión, más que declaración, de la intrascendencia del hombre y del relativo desprecio que sientes por el hombre y sus actividades, por el hombre como motivo central. Personalmente he considerado tu obra como algo profundamente humanista donde el ser humano con sus vivencias, con sus emociones, con sus experiencias, con sus penas y alegrías, es el punto central de toda tu obra. Siempre el hombre como tal, y la naturaleza no se refleja obviamente sino a través de la naturaleza humana propiamente tal.*

Esta pregunta es la clave de toda mi literatura lo cual no tiene la menor importancia pero ya que estamos hablando de esto y nos estamos entreteniendo, entonces sigamos con el tema.

¿Tú te acuerdas de un viejo dicho chileno que decía "bájate pacheco"? Bueno, esa sensación que tienes tú de mi literatura, de su mérito, de la transmisión de una humanidad en un momento concreto de la historia, se basa justamente, sus alcances estéticos, el efecto de su estética, el efecto de su propósito estético, se basa justamente en esta sensibilidad básica que el ser humano no está llamado a ninguna empresa trascendente sino que todo su accionar es fatuo, es inútil, es vano. Esto no significa que uno desprecie al ser humano. Al contrario. Lo que promueve, y alguna vez alguien definió al hombre como "una pasión inútil", lo que promueve el amor, la ternura, es justamente esto, el hecho mismo de ser una especie tan imperfecta, tan consciente de su propio dolor y de su propia limitación. Es esto, la fragilidad del ser humano, lo que mueve al narrador a la ternura, al deseo de conocerlo mejor, al deseo de convivir con ellos. Por el hecho de que no sea el hombre perfecto que postulaban enciclopedistas o tantas disciplinas de la historia y de la filosofía que van desde imágenes del prototipo humano ideal del mundo griego, del mundo romano, pasando hasta el prototipo de lo que debe ser el hombre del futuro que plantea el fascismo, te diría que todas estas utopías son utopías con las cuales yo no tengo ninguna relación, ningún interés. Son justamente aquellas culturas que han creado ideales, tipos modelos, son aquellas culturas que tienen las respuestas de cómo ser el hombre, de cuál es el sentido de la vida, lo que me irrita. El planteamiento estético mío, y de muchas otras personas —por cierto—, es moverse en el campo de la contradicción, de lo mínimo, de lo cotidiano, moverse en el campo de las preguntas, permanecer en las preguntas, desconfiar de todas las respuestas, estarse moviendo con la gente, en la gente, en sus límites, hacer del límite tal vez la única religión, el único principio, hacer de la democracia, de la tolerancia, el principio, aceptar lo que el otro piensa, lo que el otro quiere. Los únicos límites a esta tolerancia, por cierto, la única intolerancia que un escritor se puede permitir es aquella que violenta la humanidad: la barbarie. Por ejemplo, el proyecto del fascismo, es una intolerancia sistematizada.

Bueno tú me dices que parece haber una contradicción entre la humanidad de mi literatura y mis declaraciones en el sentido de la intrascendencia del hombre. Bueno, la humanidad parte del concepto de intrascendencia. Justamente porque el hombre es débil, porque el hombre es intrascendente, la humanidad es una joya preciosa irrepetible. La naturaleza, las estrellas, el mar, todo eso está allí para siempre. Cada acto del hombre es irrepetible y único, en su fragilidad. Y convivir con eso, comunicar la temperatura de vida con que se vivió para hombres de otra generación o para contemporáneos de uno, es una de las cosas más hermosas que puede hacer un artista. Pero un artista que no se ubica por encima de sus personajes, ni por encima de sus contemporáneos, que intenta enseñarles algo a sus contemporáneos o que intenta "dejar algo" para el futuro, sino simplemente convivir con un mundo lleno de misterios, lleno de limitaciones y lleno de defectos. Eso es lo que crea la humanidad de una literatura, partir del concepto de intrascendencia del hombre. En la medida que tú crees que el hombre es trascendente, que está destinado en el mundo a cumplir grandes hazañas, una de ellas, la explicación del misterio del mundo, la literatura se acartona, se transforma en literatura intelectual en el mal sentido de la palabra. Un tipo de arte que no me interesa.

— *Tú naciste en el seno de una familia que emigró de Europa para establecerse en Chile. ¿De qué manera influyó este hecho en tu vida, en tu obra?*

Yo soy nieto de emigrantes yugoslavos que emigraron a Chile. Por lo tanto, también tuve otra sensación de provisoriedad por el hecho mismo de que yo oía hablar otro idioma en mi país desde niño. Yo vivía con mis abuelos y ellos me hablaban en croata. De modo que después en mi vida realicé muchos viajes en que continuamente estuve perdiendo barrios, amigos, estuve perdiendo acentos, hasta ahora. Mi vida ha sido un ir cambiando de escenarios continuamente, lo cual aumenta la sensación de provisoriedad. Al mismo tiempo te crea una cierta fortaleza y una cierta habilidad para comunicarte con medios distintos, con sensibilidades distintas. Enfatiza el aspecto democrático de la relación, en el sentido de que cuando tú conoces mucha gente muy distinta, relativizas tus propios contenidos, tus propios conceptos y tus propios pensamientos. Muchas veces tú dices: "estoy totalmente cierto de esto". Pero en la medida que tú ves que otra gente, tan racional, tan inteligente como la imagen de ti mismo que tú tienes, piensa de otra manera y hace las cosas de otra manera y siente de otra manera, te enfatizas esta voluntad democrática que yo creo que intento trasladar en la literatura. Pienso que el hecho de ser nieto de emigrantes y de haber crecido oyendo otro idioma en mi propio país, es otro factor más de inestabilidad, de contradicción.

— *¿Y tus relaciones, Antonio, con otros muchachos de tu barrio, con el mundo que te rodeaba en esa infancia antofagastina, cómo se da?*

La primera sensación que tengo es una sensación de asombro ante la belleza del mundo y angustia ante su propia belleza. Asombro ante la capacidad de la vida y angustia ante su limitación. Por lo tanto, en el barrio y en mi pueblo, a muy temprana edad, siento que mis sentimientos hacia el mundo y hacia la vida se concentran y se definen en una tensión sentimental, erótica. Mi despertar de la conciencia es un despertar paralelo al erotismo. Yo no recuerdo momento de mi vida, consciente, en que no haya estado enamorado, jamás. Y enamorado significa no una actitud espiritual, sino una mezcla de todo, digamos el cuerpo y la inteligencia y la sensibilidad puestas en una tensión erótica hacia el otro. Que es una tensión erótica que yo intento, en lo posible, mantener hacia la literatura cuando yo trabajo. O sea tratar a la literatura como a un cuerpo, entendido como un cuerpo humano, en que las palabras son sus articulaciones. De modo que mi vida de barrio es una vida de paseos callejeros imbuidos en un gran silencio. El silencio de quien siente una gran necesidad de amar, de comunicar, y que no está aún ni siquiera preparado físicamente para ello y que no tiene las palabras para seducir. Un tema básico de mi obra, el silencio, la incapacidad de formular la sensación amatoria plena. De modo que mi vida de barrio son, de niño, caminatas, paseos y, posteriormente, con mi primera bicicleta, grandes paseos a los barrios donde estaban las chicas, buscar muchachas como loco, y amigos con quienes hablar de muchachas. Paralelamente, gran entusiasmo, por todo lo que significa el mundo de la música, básicamente la música popular y las canciones. Esas canciones traducían muy malamente una parte de mi movimiento espiritual hacia el otro, mi movimiento erótico: el aspecto verbal; y el aspecto verbal lo codificaba en tópicos literarios: el bolero, la canción romántica norteamericana. Llenaban la expresividad verbal que yo no podía tener. Para mí amar a alguien era cantarle "Because of you" de Tonny Bennet, o mi pena de amor, mi desilusión, podía ser una canción de Jhonny Ray, "Cry". Estas canciones eran compañeras mías, eran mías, yo las había escrito, yo las había hecho, ese cantante que cantaba era yo. Tenía nueve años, tal vez, y yo convivía con todo ese mundo. Todo lo que yo no podía expresar porque no tenía palabras. Con qué palabras iba a enamorar un muchacho de nueve años a chicas de trece, catorce, quince o veinte, que me gustaban. Si yo no tenía una sola palabra, lo único que tenía era un movimiento atragantado hacia ellas, pero poder interesarlas yo a ellas como un ser erótico era imposible, era un niño. Ahí se produjo un gran desencuentro con el mundo que yo lo concibo siempre así, como un destiempo en que yo he tenido mucho movimiento erótico hacia el mundo pero, ni mi inteligencia, ni mi cultura, ni mi lenguaje, estaban adecuados para la empresa de la conquista. Conquista en el sentido positivo, digamos convivir con alguien. A alguien por el que yo me sentía fascinado, fascinarlo de modo que pudiéramos estar juntos.

Ahí viene otro gran tema que es el tema de la música popular. La música popular hasta este momento es una de las claves de mi literatura también. (Yo viví en la música popular como los actores en el cine viven dentro de la música incidental.) Yo no concibo una escena de mi vida, una situación importante de mi vida, en que detrás no esté sonando música. Ahora, hay la actitud intelectual pedante de negar el mundo pop como el mundo alienado, el mundo enajenado, y hay la actitud de quien dice: este mundo puede ser un mundo torpe que expresa sentimientos torpemente con una retórica torpe, estúpida. Pero lo innegable es que cuando yo estaba haciendo ese acto de amor, cuando a mí me gustaba tal muchacha, cuando yo caminaba por la calle, lo que oía era determinada música. Esa música es tan entrañable para mí como el sentimiento que entonces tenía. Es música banal, conforme. Y mis sentimientos pueden haber sido importantes, pero como los sentimientos importantes se van relativizando, descubres que al fin y al cabo toda tu vida es tan banal como la música que oyes. Esos fueron elementos bastante definitorios de mi vida de barrio. Los hombres, la compañía con los amigos, me interesaban en la perspectiva de las muchachas, claramente.

El deporte, por ejemplo, para mí fue siempre una cuestión absolutamente erótica. Otro aspecto que tiene que ver con mi literatura. Me he preocupado mucho de temas de deportes. Hay un cuento mío, "El ciclista del San Cristóbal", que ha sido muy bien analizado por Ariel Dorfman, y pienso que allí hay claves de comprensión de mí mismo, que en algún momento cuando me ocupe de mi persona, y de comprenderme, tal vez lea ese cuento en una perspectiva de autoconocimiento. Es la historia de un deportista que corre una carrera de bicicleta, y esta carrera de bicicleta se transforma en una carrera contra la muerte. Carrera que este muchacho gana.

Yo recuerdo, las primeras sensaciones eróticas enormes fueron corriendo. Es decir, yo sin saber lo que era el sexo sentí lo que era el orgasmo corriendo. Cuando aún no sabía que había sexo. Lo que teníamos acá en las piernas era una cosa para mear. Todo esto va a configurar lo siguiente: el cuerpo como centro de todo. Incluso el tipo de imagen, el tipo de metáfora que uso abundantemente es una imagen de tipo corporal, táctil.

— *¿Y qué pasa en el intertanto con tu familia, tu padre, tu madre?*

Bueno, mi madre y mi padre son personas con las cuales yo siempre he tenido excelente relación, nunca un conflicto, por lo menos yo no lo recuerdo. Los conflictos pueden haber nacido más bien por el exceso de cariño que por la falta de él. Lo cual quizá un psicoanalista interprete como ciertos rasgos de armonía que hay en mi literatura. Digamos un cierto optimismo, una cierta amabilidad que hay en ella. Pienso que la felicidad de mi vida familiar, el cariño que mis padres me dieron y que siempre sentí, puede influir también en ésto, en un determinado tono para ver la realidad. Porque mi sentimiento un tanto trágico de la existencia, está matizado por la ternura de la relación familiar. Lo cual crea nuevas contradicciones. Y la contradicción es la carne del escritor. Mis padres tienen mucho sentido del humor, bromean mucho. Tuvieron una vida bastante azarosa. Cuando yo tenía nueve años, emigramos a la Argentina. Porque mi padre tenía algún tipo de negocio, no recuerdo exactamente qué era, parece que envasaban comestibles o condimentos en una fábrica. Se me ocurre que esa fábrica quebró, mi padre tenía muchas deudas y tuvo que irse a la Argentina.

Y vivimos allí muy pobremente, cosa que agradezco para toda la vida. Porque la pobreza es la escuela más notable para un escritor. No lo digo por mí, que he aprendido poco de la vida, sino por otros escritores que admiro. Fuimos a Buenos Aires. Nosotros teníamos en Chile una casa, pero en Buenos Aires tuvimos que vivir en una pensión. Una pensión enorme ubicada, paradójicamente, en un barrio rico. Era una casa vieja elegante que debe haber tenido unas sesenta piezas, que una española regentaba como pensión. Y en esta pensión vivimos los cuatro: mi madre, mi padre, mi hermana y yo, en una pieza durante tres años. Cocinando dentro de la misma pieza y conviviendo con todo tipo de gente, especialmente emigrantes de provincia de Argentina que iban a buscar trabajo a la capital. Allí, en medio de esa promiscuidad —porque no se puede llamar de otra manera—, en que la gente transitaba como por una especie de asilo, de manicomio, desnudos, tocando la guitarra, fumando, gritando, amándose con las ventanas abiertas, donde había todo tipo de gente: empleados bancarios, policías, gente pobre. Crecí en ese ambiente y allí conocí mucha gente. Se me democratizó un poco el concepto de casa de familia como la cosa exclusiva, las paredes donde tú vives solo. Era como vivir en una familia incómoda, pero con mucha gente, con muchos rostros, con muchas caras. Y Buenos Aires fue muy importante en ese sentido: la pobreza. Muy importante porque entonces, a la edad de diez años, yo comencé a trabajar. Mi padre no tenía trabajo, estaba cesante, mi madre tenía unos pequeños trabajitos y yo comencé a repartir frutas del almacén de la esquina en el barrio elegante. Las señoras hacían pedidos por teléfono, yo iba con un canasto y repartía frutas por todo el barrio. Eso lo hice durante dos años. Y fue una etapa que puedo definir como feliz. Porque me comunicó totalmente con la aventura. En las tardes tenía el colegio, desde el mediodía hasta las cinco de la tarde; en las mañanas trabajaba. Uno, que comía mucha fruta en el almacén lo cual me mantenía con muy buena salud; y dos, tenía plata. Tenía plata a los diez años, porque ganaba propinas repartiendo en casas de ricos. Una parte de la plata la daba en casa, pero con la otra podía hacer varias cosas: comprar libros, comprar revistas, ir a espectáculos, ir a partidos de fútbol, comprarme una bicicleta. O sea, en aquellos entonces, sentí lo que era el valor del trabajo, a muy temprana edad, muy chico. Esa pobreza fue una pobreza providencial. Después mi padre estaba metido en un negocio raro de contrabando. Eran chicherías tal vez medias de nylon para mujeres o algún tipo de telas especiales, que mi padre enviaba desde Argentina a Chile y ahí alguien vendía eso a las tiendas. Y con eso se hacía alguna entrada porque estaba cesante. Este contrabando era mandado dentro de paquetes por el Correo y parecían impresos. Eran rollos de revistas a las que se podía ver nada más que en los extremos y en el medio estaban huecas y en el medio del hueco venía todo tipo de contrabando. Te cuento esto porque yo tenía la misión de llevar los paquetes, tarde en la noche, al Correo Central, desde donde salían directamente. Era mucho más seguro porque se evitaba intermediarios. Y mi misión era llevar esos paquetes al Correo Central que cerraba a las doce de la noche. Mi padre terminaba de hacer sus paquetes tipo once, yo tomaba el tren, me iba hasta el Correo Central y, poco antes de las doce de la noche, despachaba los paquetes. Esto me significó una experiencia notable: la noche de Buenos Aires. Hablo de cuando tenía entre diez y once años. Se me abrían así otro tipo de gente, otro tipo de espectáculos, otro tipo de relación, pizerías en que te quedabas escuchando tangos, entrabas a comerte una pizza y había gente con la cual conversabas. Todo eso me gustaba y me sigue gustando. Tuve la posibilidad de estar en las calles callejeando. Un hábito que no se me quitó porque, después, siempre anduve viajando mucho a dedo por todo el mundo. Esa es la etapa de la pobreza en la cual hay para mí dos elementos importantes: la vida de la pensión —que después va a ser importante como cosa fija en dos obras que para mí son importantes, "Soñé que la nieve ardía", la novela, que transcurre en una pensión, una pensión que se parece a Chile —y la película "Reina la tranquilidad en el país", que también transcurre en una pensión. Digamos, la pensión como intermediario, como una democratización de la familia y como la apertura de la familia al mundo exterior, esa zona intermedia, que es propio pero al mismo tiempo es público, privado-público.

Bueno, eso fue una cosa: la pensión, la pobreza, el amor a la gente pobre, de poder convivir con gente pobre, y el contraste de vivir en un barrio rico. Además del dinero, lo que da los medios para convertirme en gran lector. Me gustaba mucho oir radioteatros. (A propósito de Hörspiel) El radioteatro en América Latina tiene una función totalmente directa y otra calidad estética que el radioteatro en Europa. Son melodramas en serie que se transmiten durante un mes o dos meses. A mí me gustaba muchísimo oir los melodramas. Los oía al mediodía, antes de ir a la escuela, almorzaba y oía la serial del mediodía, tipo doce. Me gustaban tanto, que luego cuando las compañías que hacían la obra para la radio, hacían la versión teatral y actuaban en las provincias y en los pueblos chicos alrededor de Buenos Aires, yo veía adónde, oía en la radio dónde se iban a presentar, y para conocer el final de la historia viajaba en tren, solo, hasta esos pueblos para ver cómo terminaba la obra. Esto era arte trivial, banal y de baja categoría, pero era mi contacto con el arte. Y cuando posteriormente, una poderosa corriente estética llega al mundo occidental, que es el "pop art", yo estoy por afinidad vinculado totalmente a ese movimiento. Yo soy un pre-pop, antes de que el pop existiera. Porque vivía todo ese mundo con plena naturalidad. Y cuando viene el arte pop, entonces ya significa para mí algo así como una confirmación de una tendencia estética, de una tendencia vital que yo había sentido durante toda mi vida. Y desde entonces el pop me interesa muchísimo. Claro, cuando Arnie Orhold pinta a Marilyn Monroe y una lata de cerveza, yo digo: bueno, éste es el arte que a mí me interesa; está claro, si este es mi mundo, no es el arte que busca su inspiración y sus productos en los recovecos de la intimidad ni en los grandes episodios, sino en la trivialidad más infrarreal. Ese es el arte que me interesaba.

Mi padre y mi madre siempre me dieron la más absoluta de las libertades. Yo no tengo la experiencia de la familia como un freno frente a las experiencias que me interesaban.

Estuvimos tres años en Buenos Aires, entre 1949 y 1951, años de peronismo por lo demás. Volvemos a Chile en 1952, a Antofagasta; después a Santiago, a estudiar Humanidades en el Instituto Nacional. El Instituto Nacional es un colegio tradicional chileno, hay varios presidentes de la República que estudiaron allí, y siempre nos decían discursos inaugurales del año escolar recordándonos el hecho y cada uno se sentía futuro presidente. Un colegio de una gran tradición intelectual, con una Academia de Letras, que era una especie de Taller Literario. A estas alturas yo ya escribía. Siempre escribí; desde niño. En Antofagasta, luego en Buenos Aires, escribía textos para cómicos radiales. Por ejemplo, había un cómico que se llamaba Tato Cifuentes, Borín, el que siempre hacía concursos por la radio en los que pedía que le hicieran textos, canciones. Yo participaba. Y en alguna ocasión, por aquellos textos que eran seleccionados, poemas o cuentos, te depositaban en tu cuenta de ahorro una cantidad de dinero. Yo gané plata también allí, escribiendo textos para este cómico radial, Tato Cifuentes.

En Chile entré inmediatamente a la Academia de Letras del Nacional, a la Academia de Arte Dramático, en fin, todo lo que fuera arte. Por dos motivos: Uno, porque alrededor de ese mundo había muchachas muy lindas; y dos, porque me interesaban las palabras.

— ¿Motivó de alguna manera el tiempo que estuviste en el Liceo, lo que allí aprendiste, tu interés por la cultura o promovió tu interés por escribir?

El hecho que me interesara por todas las cosas culturales era también una buena fachada para las otras cosas. Por ejemplo, llegar tarde al colegio todos los días, pese a que vivía frente al colegio, porque las noches eran interesantes. En las noches me iba con gente de teatro, de Bellas Artes, de pintura, a bares. Tenía yo por esos tiempos 14 años, 15 años. Estas visitas a los bares significaba, muchas veces, que no pudiera estar lúcido ni puntualmente en el colegio. Pero yo ya me había hecho mi mundo, con inspectores con los cuales ya tenía algún tipo de relación, me toleraban cosas. Nunca me impusieron una disciplina muy rígida.

Un buen episodio, por ejemplo, que confirma eso fue un tête-à-tête, una conversación de hombre a hombre que tuve con el profesor de química, quien ya me tenía podrido porque cada cierto tiempo me daba tareas para la casa en que tenía que escribir, por ejemplo, cien páginas con la fórmula del ácido nítrico. Entonces le dije que ya no daba más, que no podía seguir perdiendo el tiempo escribiendo ácido nítrico, porque el ácido nítrico no

128

lo iba a ver en mi vida y que no me interesaba para nada, que estaba definida mi vocación humanista, que con la ciencia no tenía nada que ver. Entonces le dije: por favor, cortemos este asunto; usted póngame la nota mínima para pasar de curso y yo me desaparezco de sus clases. Está bien, me dijo; y llegamos a un acuerdo. Esos fueron días de colegio.

También me gustaba mucho el Basketball. Jugaba en un equipo, el "Flecha". Es una situación también reflejada en uno de mis cuentos que se llama así, Basketball, publicado en "Desnudos en el tejado". Lo que cuento ahí es real. Yo era bastante bueno para este deporte porque era alto, tenía fuerza, tenía energía y un gran sentido del juego. Pero lo que me arruinó la carrera deportiva fue la bohemia. Porque comencé a fumar mucho, a tomar mucho, entonces de repente noté que ya no tenía fuerzas para aguantar todo un partido.

Vienen las lecturas importantísimas de la época de liceo a través del cine norteamericano. De pronto comencé a fijarme en unas películas que me interesaban; estaban basadas en novelas norteamericanas. Entonces veía la película y me conseguía la novela. Y así comencé a leer cualquier tipo de escritor norteamericano. Comencé a leer a Hemingway, Faulkner, Sallinger, Saroyan, Scott Fitzgerald, Norman Mailer, montones, mucha, pero muchísima literatura norteamericana, cantidades. La devoraba a libro por día. John Dos Passos, Steinbeck. Y ¡ojo!, un tema para discutir con la izquierda chilena y latinoamericana. En esos tiempos todo lo que era Norteamérica y cualquier vinculación con Norteamérica se decía que era de la CIA. Había la casa de brujas al revés. Todos los libros posibles de leer yo los leía por qué, porque había un Instituto Chileno Norteamericano con una biblioteca estupenda. Estaban todos los libros norteamericanos en inglés y en su traducción española, toda la gran literatura. Y ahí fui leyendo todos estos textos que eran importantísimos para mí. Porque éste es un tema que se puede discutir. ¿Cuál es la relación que hay entre la cultura norteamericana y el imperialismo norteamericano? Aquí tengo mis tesis discrepantes. Discrepo de las tesis, por ejemplo, de mi colega y amigo Ariel Dorfman, que funde ambos temas. Yo hago una distinción bastante fuerte entre ambas cosas, entre lo que es la cultura norteamericana y lo que es el imperialismo. Y no creo que la literatura sea una herramienta de dominio de la realidad, como plantea Ariel.

El hecho es que ahí, en el Chileno Norteamericano, leí los libros. En esa biblioteca. Era fantástico. Te daban una tarjeta y eran orgías, porque además eran libros perfectamente presentados, con tapas de plástico, con portadas atrayentes, buena biblioteca, buenas bibliotecarias, discos de Jazz, de poesía, de teatro. Y comencé a leer.

Esa era mi vida: las muchachas, la música popular, el Basketball, el teatro, la bohemia y el estudiante mediocre. Pero defendido por mi talento para la literatura y para la promoción cultural, para hacer la agitación cultural. En tercer año de las Humanidades, cuando tenía trece años, yo hice un espectáculo solo de homenaje a Baudelaire, porque era un aniversario de su muerte (no sé cuántos años). Un acto que consistía en un ballet, recitación de poemas, canciones basadas en textos de Baudelaire y una imagen de Francia, presentado en el colegio como una iniciativa mía. O sea, eso significa que cuando yo tenía trece o catorce me interesaba comunicar el mundo de Baudelaire a mis compañeros de curso que se interesaban por el fútbol y otras cuestiones. Yo tenía un interés muy real por la literatura. Cuando algo me interesaba, me gustaba comunicarlo y conversar sobre eso.

La vida en el colegio transcurrió plácida, intensa, grandes amores, hasta la universidad. Durante este período de colegio realicé varios viajes por Chile y América Latina a dedo. Esto me permitió conocer nueva gente y más aventura. Otra vez en la calle. Primero que nada no teníamos dinero. No éramos ricos. Así que nos pagábamos el pasaje haciendo arte. Con amigos montamos una compañía de teatro de títeres. Ibamos de pueblo en pueblo, parábamos el escenario de títeres, presentábamos las obras y después hacíamos una colecta. Si recibíamos plata, teníamos con qué comer y seguir viajando. Si no, nos quedábamos allí o teníamos que devolvernos. Nuevamente la aventura y la vinculación de ésta con el arte. Nuestro medio de vida era algo que tenía que ver con un arte: la representación.

paradisíaca. Los que debutar y soñaron de adolescentes no solo el estampido de la música rock, aquí hasta hoy es la cita de gozo en la radio de los cazadores de una generación —uno también se intriga por las posibilidades expansivas del fáctico, hasta anhelar atravesarlo en la estaciada y de dulce de la guitarra, y se sospecha el diálogo con la ternura y propiedad con que un conjunto de jazz explora un tema tradicional. Los relatores mas fieles la historia contemporánea aficionados, nos recuerdan lo poco que de la modulación y la profundidad con el invisible muezz...

"AL FIN Y AL CABO, ES SU PROPIA VIDA LA COSA MAS CERCANA QUE CADA ESCRITOR TIENE PARA ECHAR MANO"

Antonio Skármeta

Mi generación entronca con la nueva narrativa latinoamericana matizada por la incitante presencia de un contexto que nos lleva a coincidir con ciertos aspectos de ella, nos lleva a acentuar con distinto vigor otros, e influye en un cambio de la actitud con que se concibe la creación literaria.

Los nacidos alrededor de 1940 somos los primeros en América Latina en enfrentarnos masivamente con la elocuencia de los medios de comunicación de masas. Los films en cinerama y la perfección técnica del color nos sumergen en la nueva sensualidad de la imagen. Dentro del monopolio de distribución del cine norteamericano, se abren pequeñas grietas por donde entra el cine europeo con una más refinada elaboración de los problemas humanos y, sobre todo de importancia para los futuros narradores, con originales conceptos del montaje. El espectacular avance en los medios de transporte descarga el viaje al extranjero de su carácter épico o de levitación metafísica y remite al pasado los ritos de despedida al futuro ausente a quien durante semanas se le agasajaba con la minuciosidad con que se llora a un difunto, se peregrinaba con él hasta los puertos a proporcionarle pañuelísimos adioses que dejaban amantes desconsoladas y favorecían falsos juramentos de ternura a la distancia complicados cual comedia de enredos por la perfecta indolencia con que los servicios de correos se hacían cargo de ellos. Las comunicaciones ligan a la gente con otra eficacia y otra urgencia: las torturas epistolares se evitan a través de certeros teléfonos en los que basta digitar una clave para comunicarse con el más lejano amigo, la más remota amada, o alcanzar al patrón distante y esgrimir prestigiosas excusas para no volver el día prometido al trabajo. La industria acústica nos hace perceptible íntima o estruendosamente el universo del sonido, superando para siempre el chirrido y la monofonía de la aguja

131

gardeliana. Los high-fidelity y stéreos divulgan entusiastas no sólo el evangelio de la música rock —que hasta hoy es la cruz de ceniza en la frente de los escritores de mi generación— sino también se interesa por las posibilidades expresivas del folklore, hasta entonces encerradas en la estrecha y cliché cintura de la guitarra, y se acomete el folklore con la fantasía y propiedad con que un conjunto de jazz explora un tema tradicional. Los televisores nos traen la historia contemporánea al dormitorio, nos perturban la muda pared de la meditación y la profundidad con el irresistible mareo de sus imágenes, y nos hacen familiares los rostros decisivos desde Vietnam hasta Peor-es-ná. La masificación industrial y la apertura del mercado de consumo hace que la posesión de un vehículo motorizado deje de ser un privilegio de ricos y nos montamos en ellos para mirar las cosas más rápido, más intenso, y menos profundamente. La capacidad de traslación amplía el horizonte sensorial y horada el pozo de las íntimas obsesiones. Desde temprana edad, nuestros personajes se mueven sobre ruedas. En Chile fuimos pioneros de la motoneta —Lambretta o Vespa—, excursionistas del aire con el fresco cabello de la muchacha ondeando por las carreteras rurales rumbo al mar o a la cordillera, mientras sus brazos tibios se envolvían en nuestras entonces livianas cinturas. Nuestra generación es la primera que consume la píldora anticonceptiva con el simple expediente de poner dos billetes en el mesón de la botica del barrio. Se desplaza a los siniestros aborteros, a la tensión que provocaba en ella el temor del embarazo, a los laberínticos preservativos —que aparte de su incierta eficacia— exigían tal manipulación que en el momento de profundizar los sentimientos solíamos carecer tanto de la amable humedad que caracteriza el trópico como de la altiva dignidad que merecía la intensidad de nuestro amor. La sexualidad y su ejercicio pasará a ser un tema privilegiado de la generación: suprimidas las causas traumáticas, se entrega a una desenfrenada exploración del erotismo. Por fin se priva a lo sexual de sus sonsonetes trágico-cómicos. La "entrega" —permítaseme este nostálgico homenaje a la arqueología erótica— no supone ya más compromisos que excedan el acto. Relativízase y mitígase la obsesa literatura de cuño sacerdotal sobre el pecado, ahórrase el trauma del adolescente que mira por la cerradura a las parejas que nutre tanta sentida página de los escritores educados en colegios de curas. Así, una deliciosa promiscuidad producto de la creciente despechoñería del mundo y de la intimidad colectiva que venía desarrollando el hippismo, varió cualitativa y cuantitativamente nuestra existencia. Por otra parte, la yerbita —en Chile se recomienda la de San Felipe— popularizó la imaginería surrealista reservada hasta entonces a epónimos vates. En proporciones más reducidas Lucy-in-the-Sky-with-Diamonds hizo saltar a la asombrada superficie ramales perdidos, reveló películas en nuestras mentes que ni siquiera sabíamos que alguna vez habían sido filmadas, trajo nuevas clases de angustia, nos hizo especular —no en la jungla, ni en el monasterio, sino en la fiesta del barrio, con las chiquillas del barrio, con los discos de los Beatles— ancestrales fijaciones y así nos contactó con el mundo de una manera radicalmente diversa a la convencional.

La grabadora con micrófono incorporado, manuable, y la casette como reemplazante de bandas magnéticas, le quitan la exclusividad de registrar la voz del prójimo a James Bond y a los periodistas. Este avance favorece la captura de giros coloquiales, la investigación de las jergas callejeras, la literatura testimonial. Su presencia es además motivo central en varias obras de narradores adolescentes. Y para acabar con estas sensualidades y tinglados, la fotocopiadora nos permite reproducir las páginas escritas y es posible no sólo salvar los dedos del escandaloso papel carbón sino conseguir copias pulcras que los editores alcanzaban a leer o los jurados de los concursos nacionales e internacionales discernían pulcramente. Creo que a partir de la fotocopiadora, los jurados de los concursos de literatura comenzaron a interesarse por leer, y mejoró considerablemente el fallo de algunos de ellos. Antes de la divulgación de ella trababan relación con un conjunto de manchas y los premios eran acordados por especulación sobre su contenido antes que por percepción material de las palabras que los portaban.

En el plano social y político la riqueza de acontecimientos era aún más interesante: la progresiva democratización de la educación generaliza la racionalidad entre los estudiantes, acceden a ella más sectores de la pequeña burguesía y del proletariado, se consolidan las agrupaciones sindicales, echan pie atrás las leyes represivas; mediante procesos de reformas se intenta postergar el estallido revolucionario (muchas obras de narrativa y teatro en Latinoamérica se hacen cargo de este tema desde el punto de vista de la burguesía), hay movimientos de liberación en el Tercer Mundo, el Ché muere en Bolivia y su retrato está en la pieza de cada adolescente del planeta, los países socialistas afianzan su poder e influencia, Cuba lleva adelante el proceso revolucionario, atrae la atención del mundo sobre Latinoamérica (y de paso sobre su literatura), cuestiona la imagen de nuestro continente como pasivo granero de materias primas para los países desarrollados, y más que nada, opera como detonante en la conciencia de la realidad de los jóvenes que aprenden a ver por primera vez *Latinoamérica* y ya no sólo las arduas fronteras de sus países. Es una excelente ocasión para la esperanza, para la participación. Vivimos, al fin, nuestra cotidianeidad no más como el reiterado, escéptico y dormilón paisaje que era el país de las burguesías, sino como historia, tensión, futuro. Algunos escritores enfurruñaron la nariz ante este precoz revoltijo que crecía y se concentraron en las fosas de sus psiques y sus familias. Nuestra generación entró de lleno a participar en la vida social, y en numerosos casos lo hizo en la forma más explícita de la militancia partidiaria. En estas condiciones, se despertó el interés por conocer la literatura de los países latinoamericanos. También desde Cuba, Casa de las Américas, con su premio anual y sus publicaciones, llegó la trenza de la nueva comunicación. Obtener el premio no significaba que el libro llegara a las librerías de Latinoamérica —porque el bloqueo también se hacía cargo de estas minucias— pero sí permitía que éste alcanzara a cuanto crítico, periodista, escritor o profesor, interesado en literatura hubiera. Los miles de libros que volaban por correo constituyeron una suerte de mapa clandestino de la nueva narrativa y lírica que comenzó a fijar nombres y tendencias en el continente.

Este es el contexto en el cual se leerá, escribirá, y actuará en distintas etapas de nuestra creación. Pero ya es hora que afirme de que nuestra vinculación con la narrativa latinoamericana en aquella época inicial, hasta el éxito de Cuba, la publicación de "La ciudad y los perros" precedida por la algarabía publicitaria del ingenioso premio Seix-Barral, la rayuelización del universo por Sudamericana, era prácticamente nula. Cuando estas obras llegan —y otras de escritores de distintas edades bajo el sonoro efecto del boom— nosotros hemos avanzado ya en una dirección que en algunos casos entronca con la obra de ellos, en otros difiere, y en otros acepta la vertiginosa influencia de su éxito. Pero en nuestros inicios, los tratos con la literatura van, en el caso de la narrativa, por senderos muy alejados de los latinoamericanos. Al contrario, huíamos de ellos. Atraídos por la riqueza del contexto señalado, no encontrábamos interpretación a nuestras inquietudes en el acceso a ellos vía carrasposos profesores de literatura con sus amarillentos segundos sombras, selváticas vorágines y doñas bárbaras, desmayadas amelias, destripados echeverrías, oposiciones hasta hoy consagradas entre civilización y barbarie, cultura y naturaleza, puntillosos regionalistas que redondeaban veinte páginas en la descripción de un tomate sin

comérselo finalmente, todo dicho además con un tono que no existía sino en esas polvorientas casonas que eran los libros liceanos, con olor a archivo notarial, y con palabras maquilladas como tenores de ópera. Además los metaforones, las cacareadas angustias, el trauma o las delicias del adulterio, el spleen, los amores imposibles, el patetismo miserabilista para mirar al proletariado o el paternalismo cínico, nos hacían sonreír benévolos o bostezar prudentes. Aclaro que entonces no leíamos literatura como profesores de ellas, ni siquiera como *ficción*. La leíamos como concentrados de experiencia, señales de vida, fantasías que arrollaran los prejuicios y convenciones que envenenaban la joven vida de nuestra metrópolis. Años después el pulido de los instintos y la práctica del sui-generis oficio de profesor nos llevó a percibir los relativos méritos de esas obras que entonces despreciábamos. Y es que en ellas no había puente para nuestra historia: la de muchachos habitantes de ciudades hasta entonces inexpresadas literariamente.

Aquí está el punto de arranque de nuestra literatura: *la urbe* latinoamericana —ya no la aldea, la pampa, la selva, la provincia— caótica, turbulenta, contradictoria, plagada de pícaros, de masas emigrantes de los predios rurales traídos por la nueva industrialización. Todo esto con unas ganas enormes de vivir, amar, aventurear, contribuir a cambiar la sociedad, provocar la utopía. Más cómodos que con Mallea, nos sentíamos con la literatura existencial de Camus. El sereno y dramático lenguaje de "El extranjero", monacal frente a la vacua exhuberancia de textos locales, nos abría los ojos a un modo de decir *natural*. La explosiva combinación de visiones religiosas y aventuras que Kerouac narraba sin aliento, nos alerta sobre las posibilidades de una prosa que gestara vida y más vida en su comunicable fiebre. Y a propósito de las palabras "sin aliento", la película de Godard, cámara en mano, respiratoria, insolente, interpretaba nuestra regocijada marginación de la celda burguesa, la imaginativa composición de imágenes, mezcla de audacia y creativa trivialidad, nos resultaba una propuesta interesante para estructurar nuestros textos. La desfachatez de Laszlo Kovacs —el personaje de Belmondo— con la autoironía e inclemencia con que se observa a sí mismo vivir, nos parecía recoger el "mood" de nuestros propios proyectos de vida. Una sola frase de Camus: "la juventud es terror físico a la muerte del animal que ama el sol", era un ariete capaz de perforar todas las zonas asfixiadas de las casonas seniles que abundaban en nuestra literatura. Así, del existencialismo no sólo rescatábamos la angustia que muchos de nuestros primos mayores la llevaban en sus páginas y el rictus de sus labios tan sentadoramente como el chaleco negro de cuello subido— sino también la afirmación de la vida frente a sus limitaciones: Sísifo. Los textos que sentíamos como contemporáneos estaban escritos —aún contra ellas— en las metrópolis que esparcían su influencia masiva por la red masiva de comunicaciones a América Latina. Cabe señalar de paso, que contrariamente a los cacareos de la izquierda más esquemática de cada uno de nuestros países, la fascinación por la "alienante" oferta del imperio no alineó a los jóvenes artistas con la reacción, ni los neutralizó. Al contrario, en el caso de Chile, la generación de artistas jóvenes participó activamente apoyando los movimientos progresistas que culminaron en la elección de Allende. Este es un rasgo de la generación en Chile: desconfianza ante todo lo que coartara la espontaneidad. Cuando entra a la vida política lo hace aportando todo lo que es, sin reservas ni tabúes. Así se explica también la creación de varios partidos jóvenes de izquierda y la readecuación de los más tradicionales a la nueva actitud de sus juventudes. Gran salto desde la década del 50 donde aún el joven que estudiaba en París o New York era puesto entre paréntesis por los marxistas. Varios entre ellos más tarde morían en defensa de la democracia ante los fusiles fascistas.

De la literatura norteamericana del ritmo y los textos del rock y sus derivados, de las penetrantes imágenes del cine, y del trato intensivo con la cotidianeidad, se empezaba a alimentar nuestra prosa. En estas expresiones encontrábamos palabras que estaban tan en su lugar como los trenes en los rieles, las naranjas en los árboles, los autos en las calles. No había en ellas esfuerzos por subir a niveles dignos, ornamentales ni alquímicos. La coloquialidad era asumida sin escrúpulos. Y esta actitud hacia el lenguaje traía aparejado algo más importante: la aceptación de la cotidianeidad como punto de arranque para la fantasía. Ya no se trataba de la meticulosa reproducción de los naturalistas —tan antinatural—, ni del distendido pintoresquismo criollista, ni de los tratados psicológicos para explicar la conducta de un personaje. La jerga popular era ahora la base para una exploración poética. Nosotros, adolescentes callejeros, sumergidos en la música pop como los protagonistas de los films que amábamos en la banda sonora, volcados hacia las manifestaciones masivas tales como el deporte (al cual no interpretábamos como una alienada vulgaridad), el baile, la acción política; atraídos por las táctiles posibilidades de ayudar a profundizar la democracia, asediados por las imágenes televisivas, cosmopolitizados por los viajes, encontramos en el lenguaje coloquial la herramienta adecuada para trabajar la realidad. Abierta la palabra a las calles, a las cosas, al prójimo, el acto literario se democratizaba. Nuestro lenguaje crecía, entre las perspectivas de la sociedad presionada al progreso por las fuerzas más oprimidas, y sentía el país como una casa. Del armónico crecimiento de todos estos factores, da cuenta entre 1970 y 1973 en Chile, la editorial del estado Quimantú. Antes de ella, un autor nacional que vendiera tres mil copias de su novela, podía considerarse afortunado. Durante el gobierno de Salvador Allende los tirajes de autores chilenos y extranjeros alcanzaban a cincuenta mil ejemplares.

Una década antes la situación era poco menos que sórdida. La realidad latinoamericana era escamoteada por las fuentes de información. El comercio de libros pioneros estaba reducido a eruditos. No sabíamos qué pasaba en nuestro propio continente. A los escasos encuentros de escritores llegaban jóvenes de Perú, Argentina o Bolivia provistos de sacos de dormir y sus primeros volúmenes impresos en papel de envolver por editoras mártires cuyas fe de erratas solían exceder la cantidad del texto. Allí, solamente, poníamos a prueba en lecturas recíprocas y animadas discusiones nuestras coincidencias. Que un escritor mexicano supiera lo que hacía un chileno, era de otra manera posible por la correspondencia privada entre ellos. Nuestras editoriales no contaban con las inversiones de la burguesía, ni mucho menos tenían la fe o audacia para asaltar mercados suprerregionales. Salvo en Argentina y México —también muy ensimismados en sus mercados locales— la literatura de ficción solía quedar inédita. Un autor, con tantas facetas renovadoras de la prosa chilena como Carlos Droguett, vive años ignorado por la crítica nacional y va acumulando en su escritorio de burócrata múltiples inéditos. Recién en la década del 60 llama la atención en Chile, y gracias a "Eloy", un libro premiado en Barcelona. Y en efecto, es desde Europa que se gesta el impacto público de la narrativa latinoamericana. No es en absoluto baladí consignar que Carpentier, Asturias, Vargas, Llosa, García Márquez y tanto otros gestaron sus carreras allí donde la industria editorial era lo bastante expedita para hacerse cargo de modo profesional de sus talentos. Estos mismos nombres, son los que luego levantarán las alicaídas finanzas de las editoriales latinoamericanas, que sólo publicaban ensayos y textos de estudio, escépticas y regañonas sobre las posibilidades de la creación.

Otro factor vino a influir en nuestra actitud hacia la literatura: la intuición de que eran los recursos de la lírica, antes que los de la narrativa, los que mejor convenían a nuestra intencionalidad expresiva. Creo que éste es un punto de entronque entre el grupo de narradores que destaca el 60 y los que surgen el 70. *Angel Rama* señala como un elemento decisivo para el carácter del fenómeno de la nueva narrativa la fusión en las décadas del 20 y 30 entre la gran lírica americana y los narradores de vanguardia. Entonces, bajo la presión de Vicente Huidobro, López Velarde, César Vallejo , y más tarde Borges y Neruda, se instaura en la narración una lengua autónoma, poética, libre, absolutamente específica de la literatura, que elude los niveles lógicos y lexicográficos para crear en cambio una sintaxis en tensión capaz de hacer surgir los valores más secretos e insinuantes de las palabras. Parece ser ya un hecho probado que es factor del éxito de la actual narrativa la asunción programática de esta libertad, desde sus arrebatos metafísicos hasta sus abusos lúdicos.

En Chile, nos toca cultivarnos en un terreno muy fertilizado en este aspecto. Son varios los vates que conforman una obligada referencia en nuestro horizonte expresivo, pero es por cierto Neruda la figura dominante. Desde sus más complejos materiales en "Residencia en la tierra" hasta la transparente rusticalidad de las ondas, pasando por los sonetos amatorios y el épico "Canto General" nos apunta hacia la concepción del trabajo creador como un crecimiento *social-biológico*. Es un modelo de poesía marcadamente *histórica y participativa*. Su irrefrenado entusiasmo por lo concreto y la gente lo lleva no sólo a cantar sus tradiciones, su corajuda tensión hacia un mundo mejor, sus oficios y rostros, sino que lo trae a la elementaridad celebrativa del hígado o la cebolla. Desde Whitmann estaba aprendida la lección de que todo es decible, todo es cantable. El mundo es un infinito expresable para el rapsoda que —en postura de vate— anda por allí junto y revuelto con los mortales. Luego, la antipoesía de Parra provoca una irónica variante de actitud al retirar la postura lírica y a través de su terso trabajo con la vulgaridad y los lugares comunes crear un hablante dramático, engañosamente prosaico, que se propone reordenar el mundo y la expresividad desde el punto de vista "del hombre común y corriente". Con estos hombres y ese estilo, podíamos entablar el más estimulante diálogo. De allí, más que de cualquier otra parte, habíamos llegado a la coloquialidad-poética en los años en que comenzamos a leer los nuevos narradores latinoamericanos. Cuando estos aparecen triunfales, brillantes y vendibles, algunos son influenciados en su dirección y otros se afirman en la espesa originalidad con que a partir del contexto citado intentaban forjar su personalidad expresiva.

Una breve observación sobre Cortázar, Carpentier, Donoso, García Márquez y Droguett, tal vez podría insinuar un perfil fronterizo con ellos. Una novela tan apasionante cual "Rayuela" donde se debatían los temas de racionalismo-magia, esquematismo-complejidad, narración lineal-narración múltiple, lenguaje formal-desformalización de lenguaje, trascendencia-trivialidad (perdonando esta ensalada de dicotomías, don Julio) me parece una piedra de toque para un indeseado momento de definiciones. Lo que en Cortázar es una dramática y regocijada búsqueda de la trascendencia valiéndose de la ironía y la simultánea deslectura del texto en la lectura, es en los más jóvenes una desproblematizada asunción de la humilde cotidianeidad como fuente autoabastecedora de vida e inspiración. No importa cuán experimental sea su estructura o lenguaje. La realidad se acaba en última instancia, ante nuestras narices.

En este sentido, nuestra actitud primordial es *in-trascendente*. No se nos ocurriría nunca, por ejemplo, la absolutización de un sistema alegórico donde el grotesco degrada la realidad, como en Donoso, *ni la iluminación de la historia en la hipérbole mítica de García Márquez, ni en la refundación literaria de América Latina como en el "realismo mágico" de Carpentier.* Por el contrario, donde ellos se distancian abarcadores, nosotros nos acercamos a la cotidianeidad con la obsesión de un miope.

Sus protagonistas son seres excepcionales que se nutren en desmesuradas obsesiones. La intensidad de Johnny u Oliveira los ubica en la marginalidad respecto a la historia. Los Aurealianos, José Arcadios y Ursulas son seres expresados en acontecimientos magnos y sorprendentes que se desarrollan en un tiempo dilatado que determina a la vez sus inhabituales conductas. La grotesca irrealidad que funda Donoso conforma un mundo autónomo frenéticamente ajeno a la mirada cotidiana. Es la excepcionalidad, lo extraño o extravagante, lo mítico, o lo histórico violentado por una ampulosa fantasía, aquello que define la actitud y los efectos de estos autores, sea con la gracia de la crónica de García Márquez, la comunicativa ironía de Cortázar, o el acezante patetismo de Droguett cuando alienta a su niño con patas de perro. *Creo que caracteriza a nuestra generación —vía infrarrealismo, arte pop, trato activo en terreno con la realidad política latinoamericana, universalización de la aldea por el boom de las comunicaciones— la convivencia plena con la realidad absteniéndose de desintegrarla para reformularla en una significación supra-rreal.* En Rulfo —quizás el autor más influyente en el trabajo coloquial de los jóvenes, el primer gran latinoamericano conocido por nosotros ya en los años cincuenta— se da también esta actitud, pero con una dramática variante. La suprarrealidad encontrada tras la peregrinación de sus personajes más parece una infrarrealidad tan degradada como la cotidiana. El atroz vacío que se da en la tensión entre una y otra, recorrido con humorística imaginería popular, tiene la rara cualidad de impresionar como drama, y no sólo como espectáculo. En todo caso, lo general en ellos es su ubicación voluntaria en la anormalidad, su cuestionamiento o interpretación de la realidad a partir de un distanciamiento, y su referencia global a ella desde la parábola o el mito. Es —en el mejor sentido de la palabra— una literatura *pretenciosa*, y por fortuna sus logros están a la altura de la magnitud del esfuerzo.

La narrativa más joven, pese a toda la estridencia de su complejo aparato verbal, es vocacionalmente antipretenciosa, programáticamente anti-cultural, sensible a lo banal, y más que reordenadora del mundo en un sistema estético congruente de amplia prespectiva, es simplemente presentadora de él. Sus héroes no se reclutan en la excepcionalidad que busca desde allí mirar lo común, sino en los carnales transeúntes de las urbes latinoamericanas. Aunque *es común con el grupo precedente una poderosa concepción del lenguaje como un espectáculo que debe lucir autónomo en su función significante,* sus inflexiones se adecúan a un trato caótico y sectorial con la realidad sin pretensiones de abarcarla. Pienso en las obras de José Agustín, Gustavo Sáinz, Aguilar Mora, en "La guaracha del Macho Camacho" de Luis Rafael Sánchez, en las novelas de Puig, de Reinaldo Arenas, de Gudiño Kieffer, en los libros de Miguel Barnet, Oscar Collazos y Sergio Ramírez.

La borrachera que provoca la explosión lírica del lenguaje coloquial (de perfecto equilibrio antes en Rulfo) lleva a los narradores jóvenes, y en especial a los mexicanos, a absolutizar la jerga de su edad. La palabra se carga de un slang que es la clave selectiva con que una generación se mira a sí misma. Desde este lujoso ghetto —coches, Acapulco, boutique, Europa, bares, hoteles, música rock— se mira socarronamente y con desdén el mundo de los adultos. Los mayores tienen grandes palabras en la boca, pero con pleno cinismo, manejan la sociedad a su amaño y conveniencia. Si hay algo que los jóvenes han aprendido de ellos, es la estrategia del cinismo. Voluntariamente laterales a la vida adulta, *desafectos a la burguesía, la ironizan a la distancia, y no se les ocurre presentarla como un mundo susceptible de cambio.* Los grupos llevan vidas paralelas. Más interesados que en profundizar y desnudar la mediocridad y el escándalo de la sociedad, como lo había hecho Carlos Fuentes en sus novelas ciudadanas, los narradores del clan juvenil se encuentran más a gusto exprimiendo concentradamente los néctares de la edad. La gama de personajes que recorren sus páginas, carecen de especial relevancia. A menudo son como el "nowhere man" de Los Beatles "thinking nothing about nobody". Bordean la trivialidad, y sus textos viven más que por la escasa dimensión de sus aventuras o el interés de sus héroes, por la apasionante atracción a la literatura de un sector ciudadano hasta entonces informulado y por la delirante labia de un lenguaje descorsetado que se regocijaba de sí mismo. En ellos abunda la naturalidad que antes faltaba, y que años después terminará en una peculiar retórica: alusiones y reflexiones sobre el cine, la radio y la televisión, citas del cancionero rock o del slang publicitario, lectura desmadrada de todo lo que a la sociedad convencional le resulta solemne. Un atardecer puede ser tan suave como la garganta de Marylin Monroe, el muchacho se desplaza entre las boutiques del barrio snob con el aplomo de John Wayne, el héroe intenta un avance sentimental, es despreciado señoras y señores, los guardalíneas levantan bandera roja, totalmente off-side sólo atina a rascarse el cuero cabelludo como Marlon Brando.

La aventura sexual es el deporte más recurrido y el modo más expedito de relación humana. Así van pasando sus días, entretenidos en sus juegos hormonales, sin gran angustia, haciéndose cargo de la falta de perspectivas de los respectivos países, arrastrando el peso muerto de la sociedad burguesa que los hastía y frente a la cual no hay nada que valga la pena hacer. La intensidad, el sabor de vivir, está en la discoteca. Y buena parte de estas obras cosmopolitas aspiran a ser tan rítmicas, efímeras y compulsivas como los discos de moda.

Las fotonovelas y melodramas radiales son también lente y motivo a través de los cuales mirar la realidad y sus convenciones.

Cuando la más nueva narrativa se debate en este proceso que se podría caracterizar como infrarreal en motivos y personajes, pop en actitud, y realista-lírico en su lenguaje, entra desde Europa vía "nouveau roman" y el masivo aparato crítico que acompaña como secuela a la tendencia, una corriente que desconfía de las posibilidades de narrar, repudia por baladíes las anécdotas, congela la emotividad, y de toda esta resta hace de la textualidad el rol protagónico. Esta aséptica aproximación al arte narrativo viene a enfatizar el espectacular énfasis en la palabra coloquial que venían desarrollando de un modo autóctono algunos latinoamericanos, y es el santo y seña para una experimentación aún más radical, apoyada ahora con el prestigio de la semiótica, el renovado estructuralismo y la "agonía" de la narración. La tendencia prende más en Argentina, y alentada por sus cofrades, que solían ser tanto narradores como críticos, alcanza cierta efímera, pero no despreciable importancia.

A estas alturas habría que hacer hincapié en la fuerza de cada contexto específico como condicionamiento de la recepción de la nueva narrativa y de la producción literaria. La obvia diferencia que se advierte en la valorización de distintos recursos expresivos, obliga a hacerse cargo de modo diferenciado de la creación en cada país. Este criterio no se debe tanto a banales nacionalismos, sino a la decisiva influencia que tienen sobre nosotros las muy disímiles temperaturas históricas. En efecto, es muy distinto ser un joven escritor mexicano en un territorio con una revolución ya institucionalizada y contradictoria, donde el ritmo de transformaciones y perspectivas ha sido considerablemente mitigado, que serlo en Cuba donde la revolución marxista ha removido las viejas estructuras en forma radical, que serlo en Chile donde se vive convulso en las explícitas alternativas que los años 60 y 70 le proponen: revolución, reforma o fascismo. Muy superficialmente, podría afirmarse que en *aquellas sociedades donde el desarrollo de las fuerzas progresistas es insuficiente para amenazar los rigores del status quo y comprometer concretamente a la comunidad en la participación,* es factible que —salvo muy desarrollada conciencia política— el narrador se vuelque al solitario oficio de poner entre paréntesis la realidad, al escepticismo retraído, a la captura y celebración de héroes marginales, o simplemente, a hacer literatura a partir de la literatura.

Quisiera ahora referirme más concretamente a Chile, y de acuerdo a la generosa propuesta de este taller, sucumbir en la abusiva primera persona para dar cuenta del "efecto que el fenómeno de la nueva novela tuvo sobre mi obra, y las características de dicha obra".

Cuando tras un decenio de demasiado explícitos desacuerdos, decidí en 1963 que los errores de un cuento llamado "La Cenicienta en San Francisco" no eran tan obvios, y me alenté a preparar un volumen de cuentos —ya tenía formulada la base de mi estética—. Coincidente con la sensibilidad de aquellos días, y con la actitud que tendría masivamente la nueva novela, me pareció que la sociedad estaba envuelta en un esposo lenguaje retórico a través del cual se imponía a ella la visión que una desprestigiada burguesía tenía de la existencia y la comunidad. Insensible en aquellos años al movimiento de renovación política que se venía gestando, muy dificultoso y muy complejo para quien no estuviera en la pomada, operé una violenta retirada hacia lo más elemental en el ser humano y hacia los narcisistas impulsos de una ansiosa intimidad. La espantosa rutina de una sociedad joven, tempranamente convencionalizada y burocratizada, me provocó alentar las fuerzas más naturales en mi actitud. Me parecía pavoroso que se hubiera perdido el sentido de percibir la existencia como algo repleto de misterio, de futuro, de mareadora sensualidad. En ese esquema mercantilista, la facultad de asombrarse, de relacionarse cada día con la propia respiración, de fantasear conductas inéditas, y quedar angustiado, maravillado, perplejo, era demasiado escasa. Me atraía entones el pensar poético y la aventura anárquica lejos de las convenciones de una sociedad que, obsesa, se repetía a sí misma. Frente a esto y la literatura vigente que se movía desesperanzada dentro de estos esquemas, mi obra parte del modo más ingenuo, *arrebatado y espontáneo, como un acto celebratorio de lo que hay. En general, de que haya.* Del yo estremecido por el inmenso e inexplicable hecho animal de existir entre los otros —y gracias a Dios— entre las otras. Mi estilo y actitud se definía por el rapto: no podía buenamente aceptar que allí había algo o alguien y quedarme tan tranquilo. Todos los datos sensuales y culturales del mundo eran una incitación al pensamiento, a la emoción y a la fantasía.

Y aquí *engarza mi temple básico, con otro que señalé antes como común a la nueva narrativa: el de la lírica.* El asombro me llevó a leer a otros asombrados, y no solamente quedé otra vez asombrado de la variada suerte con que culminaba en sus obras la empresa de vivir (delirio, angustia, amor, desesperación, alegría) sino también de los vigorosos lenguajes que comunicaban estas emociones matrices o concluyentes.

Y hay otro aspecto que se me ocurre generalizado —en sus distintas matizaciones por la nueva narrativa— en todas estas aventuras del pensamiento y la creación: ellas no se me acreditaban como verdaderas o falsas, como modelos ontológicos o éticos, sino como ejercicios poéticos convivientes y concubinos. ¡Por el escepticismo a la democracia! No sólo sonreí ante la opinión de Borges de que la filosofía era una rama de la literatura fantástica, sino que además asentí con enfática barbilla. Semejante consideración traía como consecuencia el antidogmatismo: cada prójimo se apeaba del caballo como mejor le acomodara y decía la feria según le fuera en ella. *La literatura era un acto de convivencia con el mundo y no una lección interpretativa sobre él.* Las "verdades" descubiertas en el camino —salvo las de este principio al que me aferraba con la fe del apostador— eran radicalmente provisorias por muy entusiastas que se proclamaran. Esta actitud relativizadora que respetaba la bigarrada problemática de la realidad y que destruía géneros y esquemas convencionales para abordarla, era otro punto en común, con los recursos expresivos de la nueva novela. Para ser fiel a su apertura, ella multiplicaba los puntos de vista narrativos, no reducía el personaje a pedestres psicologías, quebraba las coordenadas tempero-espaciales con la poética certeza de que cada momento está preñado de historia y potencia, reducía la lógica para concentrarse en el color y emoción de los sucesos. En buenas cuentas, ni tesis, ni mensaje, ni didáctica. *Sólo poesía.*

Las intuiciones de la lírica y su afanoso trabajo con el lenguaje, daba más precisa cuenta de la riqueza del mundo y nuestra experiencia en él. Esa era la clave en la luminosa sencillez de los poetas líricos del sur de Chile, en los afilados prosaísmos de la antipoesía, en la épica desbordada de los herederos de Saint John Perse o Whitman. El empleo de los recursos líricos liberaba de las responsabilidades estructurales del relato con su complejo acción-fábula-personajes.

Con esta actitud básica, generacionalmente enamorado de las sensuales apariencias en su estereofónico contexto y progresivamente alerta hacia la conducta de la sencilla gente que se organizaba para superar las injusticias del sistema, *mi literatura era el resultado de la siguiente tensión que aún arruina mi prosa: por un lado, tendencia al arrebato, la experimentación, al desborde acezante para dar cuenta del peso, color, emoción y significado del objeto, hecho y persona, y por otro, un profundo respeto, amor e interés por las apariencias cotidianas, por la dulce banalidad callejera, por la gente y sus historias, por los sectores juveniles de la pequeña burguesía, a la cual pertenezco, por la concreta vitalidad del proletariado.* Así, no es nada de extraño que desde mi primer libro, "El entusiasmo" hasta mi novela "Soñé que la nieve ardía" la rebelión de mi expresividad se vaya haciendo cargo de la experimentación y de la realidad en su contingencia más urgente. Lo que en los cuentos era una búsqueda de la realidad excéntrica al destino de la sociedad chilena, desdeñosa con él, más sensible a sus defectos que a sus esperanzas, *es en la novela la emocionada revelación de que es posible plasmar otro mundo no sólo en la literatura, sino también en la realidad.* En "Soñé que la nieve ardía", pese a todo su irredento delirio, la gama de héroes provienen del proletariado que con la Unidad Popular en 1970 habían accedido a un momento privilegiado de su ascenso político. *Toda mi vocación irrealista y su contradictoria pasión por lo concreto,* desembocan en la novela en una difícil tensión. La culpa no sólo la tiene mi inestable palabra. Esa realidad que estaba dramáticamente allí en las calles, me parecía más mía e inspiradora que los acontecimientos magnos o excéntricos de tantas fascinantes obras literarias. Sin ninguna necesidad de transar mi actitud lírica, acudí a la modesta observación de la cotidianeidad del Chile que ya no existe, para narrar desde sus personajes. Es decir que para hacer comunicativa la temperatura de aquel momento histórico, la trascendencia de esa tenaz cotidianeidad, seguí apelando a las secretas conjunciones y yuxtaposiciones de imágenes y a la convivencia de planos de diversos valores ónticos tan desaconsejables en la novela realista. Pero siempre cuidaba que la realidad misma determinara dónde estaba el peso, la gravedad del relato.

Este criterio ya me seducía desde los primeros cuentos. Me parecía que había que activar de tal modo la prosa para seducir al lector y distraerlo de la conciencia de que se le robaba su tiempo, digno de mejores tareas, que concebía el acto de lectura con la siguiente escena: golpeo, abro la puerta, dejo el cuento en manos del lector, me doy vuelta, arranco, y retorno hacia el final a espiar por una rendija cuál fue su efecto. *Cortázar, en su interesante ensayo "Algunos aspectos del cuento", definió su técnica. El cuento tendría que ganar por K.O. Si me propusiera acotar mi intención también en términos pugilísticos tendría que decir que yo aspiraba, en cambio, a empatar o bien perder —como el seleccionado chileno de fútbol— honrosamente. The knack :meter con lenguaje identificable y situaciones familiares al lector cuanto antes en una especie de "historia". Alcanzado este punto con la mayor economía posible, la propuesta estética es desarrollar la narración como una búsqueda de ella en que tanto yo como mi lector tengamos la sensación de que no sabemos a dónde vamos. De allí que en ellos suceda poco. Más que por acumulación de hechos, se caracterizan por un masivo tanteo de cada instante, al cual se acosa para que "suelte" su "Verdad". En este empeño el lenguaje puede apelar a recursos alegóricos, brutalmente realistas, infracoloquiales, a imágenes del mundo pop, a citas pertinentes de otros autores sin aviso previo, a capciosas falsificaciones de ellas. Lo que cuenta es que la composición de las imágenes sea de tal explosividad que conduzcan al lector a* distraerse, en el buen sentido, del simple relato de peripecias, sin escamoteárselo del todo. Para este juego dialéctico, el amor que tengo a la economía en la estructuración de un relato y su marcada intención hacia su cercano fin, tantas veces amada en Hemingway, Chejov, Borges, me obliga a vigilar el arrebato y a mantenerlo dinamizado en el rigor de la anécdota. Este criterio lo aplico aún en cuentos tan fantásticos como "Paris" y "Profesionales" de mi libro "Tiro libre". El acecho con las imágenes —criterio sagrado sí— debe estar al servicio de la "verdad" del suceso y nunca ser meramente ornamental. Esta es la diferencia clave entre un narrador que se nutre de la lírica, y un poeta que se rebaja a la prosa. Por tanto mis cuentos arrancan de la cotidianeidad, despegan de ella, vuelan a distintas alturas para verla mejor y comunicar la emoción de ella, y retornan humildes al punto de partida con humor, dolor, ironía, tristeza, según como les haya ido en la peripecia. Son —para parodiarme antes que otro lo haga— cuentos aviones: despegan, vuelan y aterrizan.

Esta preocupación por los modos de acceso al lector y su activación es también una meditación consecuente de la nueva narrativa y también de la lírica. En las etapas más recientes, ésta se profundiza con el estímulo de los pioneros de esta búsqueda: Vargas Llosa, Cortázar, Parra, Cardenal, entre otros.

El efecto ideal de mi relato, tal vez pudiera formularlo así: el lector y yo compartimos una fugaz experiencia en un mundo efímero, acelerado, y lamentablemente violento. En este breve momento, se da para mí todo el fenómeno de la literatura.

Este es mi mundo, mi actitud, mi concepto de la creación y sus eventuales alcances. Esa era también la esfera de mi inocencia. Quiero ahora relativizar este informe desde el punto de vista de un escritor que abandonó hace ya cinco años su país por las condiciones que impuso a Chile el gobierno militar del general Pinochet, rumbo a países que aún tuvieran voluntad de persisitr en la contemporaneidad, y no como el mío, de revisar ancestros cavernarios. Incurro en esta nota marginal, porque la producción literaria de tres países latinoamericanos —al menos— se hace desde algunos años en la emigración. Tal es el caso de *Argentina, Chile y Uruguay*. Quiero dar cuenta de cómo el quiebre institucional en Chile afecta nuestro oficio de narradores en un sentido tan radical, que nos lleva a reformularnos como hombres y artistas.

Hablar, comunicarse, es un fenómeno histórico. Un modo de entenderse un pueblo consigo mismo, un condicionamiento cultural. Para los escritores, imbuídos profesionalmente en el universo de la lengua, una alteración violenta del contexto le revela que la identidad de su verbo no sólo se da en los giros locales, sino más bien en un modo colectivo de concebir la existencia acuñada en tradición y lenguaje, que a su vez determina la cualidad real de la imaginería.

Hago esta observación, porque hasta septiembre de 1973, fecha del golpe contra Allende, vivía en un país en que el ejercicio de la palabra carecía de límites. La libertad era un subentendido. Algo natural que nos venía desde el nacimiento con tanta propiedad como la respiración y las manos. Era tan transparente su presencia, que más que una conquista de la historia nos parecía un don de la naturaleza. Esta realidad rotunda determinaba el modo de verse la sociedad a sí misma, y condicionaba la interrelación de todos sus estratos. El lenguaje se afianzaba en algo que garantiza el ejercicio de la democracia y que es supuesto de toda cultura: la seguridad vital. En un estado de derecho las leyes aseguran y regulan la vida pública, pero también se hacen cargo de algo mucho más elemental: proteger la supervivencia. La vida biológica está garantizada por los gobernantes que obran por representatividad de sus pueblos. *En Chile la ofensiva triunfante de la reacción, altera esencialmente esa segunda naturaleza que es la cultura del país, vale decir, su identidad.* Asaltado el poder legítimo por el arbitrio de la violencia, se introduce en la sociedad la muerte y la represión como horizonte cotidiano. Vivir y sobrevivir se hermanan como conceptos. Se impone un generalizado sentimiento de fragilidad de la existencia y se relativiza fuertemente la confianza en el ser humano. La inseguridad y sospecha son los criterios para orientarse en las nuevas condiciones: la novia desaparece, el amigo es asesinado, el periódico es clausurado, los libros arden, los gobernantes y poetas se entierran bajo bayonetas, el padre queda cesante, el hermano parte al exilio. La cotidianeidad entera es dinamitada por la incertidumbre. Visto en términos profesionales: es desleído y deslenguado. *Las posibilidades de salvar la identidad cultural queda entregada a la clandestinidad y al exilio. Pero esta cultura ya no puede ser más la de la inocencia.* Tiene que contar para siempre con el riesgo y los enemigos de la humanidad en su gestación. Esto es un trastorno geográfico, biológico y metafísico. La existencia asume un carácter aterrador. Todo aquello que se daba por sentado, ahora es cuestionable.

El consuelo de la sobrevivencia en la emigración no puede mitigar la amputación que significa arrancarse la patria como temperatura e identidad cultural. Lejos de dejarse engañar por los destellos del cosmopolitismo, la abrupta condición del destierro le muestra al autor cuán entramado está con su pueblo y como éste es el destinatario natural de su obra. Ahora es posible percibir que en un film, un libro, un cuadro, una canción, es lo informulado en ellos —es decir la composición de sus partes que convocan y epifanizan lo innombrado— aquello que los dota de su significación más rica. En el narrador torrencial o en el magro, en el convencional o el audaz, lo que hace que el libro sea más que un conjunto de bellas páginas, tenga influencia, movilice vida —aunque sólo sea en el modo de la conciencia y no en la praxis— es que éste se remita al mundo que lo origina, por rigurosa y fantástica que sea su elaboración. Es el destierro quién me revela la pequeña trascendencia del libro. El es una señal sui-generis en un contexto que reclama de éste la ejecutividad de su sentido. Fuera de él presenta un mundo incompleto, y esa incompletitud, por genial que sea, es *todo* el libro. Eso que antes me bastaría, después del trauma en que se debate mi país ya no me alcanza. Un libro leído en el país, en la tradición donde brota para renovarla, es una ceremonia de identidad cultural donde en el original prestigio de la palabra escrita aparecen nuestros rostros, fracasos, calles, muertos, esperanzas, y donde nuestras guiñadas de ojos y tics verbales definen la verdad del texto, su grado de seriedad o de ironía. He aquí como la vocación de escribir llama a recuperar el país que es su destinatario. Así operan en la emergencia, las letras clandestinas y las exiliadas. Un libro leído por el pueblo de que está hecho es un acto comunitario, en él éste confirma su identidad, se mantiene en la conciencia la tensión hacia sueños e ideales, se valora la grandiosidad de la escena cotidiana en condiciones de riesgo. A través del libro se imagina mejor, se comprende más, se problematiza no sólo la realidad del mundo fabulado sino que inspira la problematización de la difícil realidad en que el libro es leído.

Muchos de los artistas latinoamericanos en esta década del 70 no pueden acceder con sus obras a los espectadores y lectores en los cuales crecerían, haciéndose emoción, conciencia y diálogo. La condición de destierro va a enmarcar su obra. Debe sobrevivir con la herida de la ausencia y aplazar la cita con sus compatriotas hasta que éstos valerosamente modifiquen la historia que la impide. Sería muy extraño que en sus obras ellos no estuvieran presentes. A mi modo de ver —ahora que Latinoamérica se debate entre la humanidad y la barbarie con penetrante lucidez— va a ser inevitable que los escritores más jóvenes vayan haciéndose cada vez más cargo de las convulsiones y desplazamientos del continente. De esa materia estarán hechas sus vidas. Y al fin y al cabo, es su propia vida la cosa más cercana que cada escritor tiene para echar mano.

ANTONIO SKARMETA:
NOTICIA BIO–BIBLIOGRAFICA

Nacido en 1940, en Antofagasta, Chile. Después de su estada en Berlín Occidental como invitado del Programa para Artistas de la Oficina Alemana de Intercambio Académico, Skármeta se decidió a permanecer en esta ciudad. Desde 1975 trabaja como escritor independiente y enseña Dramaturgia en la Academia de Cine y Televisión.

En 1973 escribió el guión del film "La Victoria" que bajo la dirección de Peter Lilienthal fue filmado en Chile y producido y transmitido por el Segundo Canal de la Televisión Alemana (ZDF). Con el mismo director hizo el film "Reina la tranquilidad en el país" rodado en 1975 en Portugal y cuyo estreno tuvo lugar durante el Festival de Cine en París, obteniendo posteriormente el Premio Federal de Cine Alemán 1976, en su máximo nivel ("Bandeja de oro"), y el Premio de los Críticos como el mejor film del año. Su último trabajo en colaboración con Lilienthal fue el guión de "La Insurrección", filmado en Nicaragua a fines de 1979; este film tuvo su première en el Festival de Venecia y fue distinguido con el Premio Federal de Cine Alemán 1980.

Con el joven cineasta Christian Ziewer escribió y filmó "Desde lejos veo este país", Premio del Festival de Strasburg en 1980. Y para Joachim Kunert hizo el guión de "La huella del desaparecido", 1980. También es autor de un mediometraje con una historia de navidad que dirigiera Bernd Grote. Ha dirigido un cortometraje de ficción: "Permiso de residencia". El film navideño, llamado "El regalo", fue ambientado en Costa Rica,

Su drama radiofónico "La Búsqueda" fue elegido el mejor de 1976 y enviado como candidato de la República Federal Alemana a la Unión de Emisoras Europeas, donde obtuvo el Primer Premio entre 34 obras presentadas por 16 países miembros de la organización, incluyendo además Canadá, Estados Unidos y Japón. Esta obra fue traducida a 10 idiomas.

Otras piezas para la radio que han obtenido otras distinciones son: "No pasó nada" (1976), "La Mancha" (1978), "La Composición" (1980, fue elegida la Mejor Obra del Año y enviada por la República Federal Alemana al Prix Italia), "Muertos mientras tanto" (1982) y "Ardiente paciencia" (1982). De esta última obra, Skármeta ha realizado una versión teatral con - el título "El Cartero de Pablo Neruda".

Después de sus estudios de Literatura, Filosofía y Teatro en la Universidad de Chile, enseñó en ella Filosofía y Literatura Latinoamericana. Master of Arts en Columbia University, New York. Fue además profesor de Técnica Narrativa en la Escuela de Periodismo de la Universidad Católica en Santiago y dirigió talleres de creación literaria. Con frecuencia Skármeta dicta conferencias sobre Literatura Latinoamericana, sobre cine, o lee de sus obras en universidades de Latinoamérica, USA y Europa.

Es miembro del PEN Club de la República Federal Alemana; fundador y presidente del Centro Cultural Chileno de West Berlin, institución dedicada al arte y la literatura de América Latina.

Ha escrito muchos ensayos y artículos sobre literatura, cine, teatro y arte, publicados en revistas especializadas de distintos países; entre otras "Revista Chilena de Literatura", "Die Horen", "Review", "The American Hispanist", "Hispamérica", "Nueva Sociedad", "Revista de Literatura Hispanoamericana".

Ha dirigido en Chile obras teatrales de Calderón de la Barca, Ionesco, Jasudowicz, Albee, García Lorca y Saroyan. Tradujo del inglés al español obras de Norman Mailer ("An American Dream"), de Kerouac ("Visions of Gerard"), de Scott Fitzgerald ("The Last Tycoon"), de William Golding ("The Pyramid") y de Melville ("Typee"). Del alemán al español tradujo el libro "Pintorespoetas berlineses".

Sus cuentos y novelas se encuentran en varias antologías y traducidos ya a 13 idiomas: inglés, francés, italiano, alemán, ruso, sueco, noruego, danés, yugoslavo, eslovaco, búlgaro, holandés y portugués.

Publicaciones

"El Entusiasmo", cuentos, Zig/Zag, Santiago de Chile, 1967.

"Desnudo en el tejado", cuentos, Casa de las Américas, La Habana, 1959 y Sudamericana, Buenos Aires, 1969.

"Tiro libre", cuentos, Siglo XXI, Argentina, México, España, 1973.

"El Ciclista del San Cristóbal", antología con cuentos de los tres libros arriba mencionados, Quimantú, Santiago de Chile, 1973.

"Novios y solitarios", antología con cuentos de los libros arriba mencionados más cuatro relatos inéditos, Losada, Buenos Aires, 1975.

"Soñé que la nieve ardía", novela, Planeta, Barcelona, 1975. Segunda edición por LAR, Madrid, 1981. Esta obra ha sido traducida y publicada por Gallimard en Francia, por Feltrinelli en Italia, por Luchterhand en la República Federal Alemana, por Aufbau en la República Democrática Alemana, por Progreso en la Unión Soviética, por Mlada Front en Checoslovaquia, por Christo G. Danov en Bulgaria, por Sammleren en Dinamarca, por Van Gennep en Holanda y por Federativ en Suecia.

"No pasó nada", novela, Pomaire, Barcelona, 1980. Ha sido traducida y publicada en Estados Unidos por William Morrow Publishers, New York, en Francia por Du Seuil, en Suecia por Korpen, en Dinamarca por Sammleren, en Holanda por Sjaloom, y en Alemania Federal por Luchterhand y posteriormente en libro de bolsillo por Rowohlt.

"La Insurrección", novela, Ediciones del Norte, Hannover, N.H., USA. Traducida al alemán por Peter Hammer Verlag, Wuppertal, República Federal Alemana, 1981. Publicada en holandés por Van Gennep, 1982. En el transcurso de 1982 publicaron también en sueco (Federativ), portugués (Francisco Alves Editora, Río de Janeiro), ruso (Revista de Literatura Extranjera). Una nueva edición alemana prepara la editorial Aufbau de Berlin.

Skármeta ha sido también antologador y prologuista de libros de autores chilenos. En 1976 The American Hispanist publicó su volumen sobre "Nueva Narrativa Chilena", Clear Creek, Indiana.

NOTICIA SOBRE LOS COLABORADORES

BIANCHI, Soledad:
Joven crítica y universitaria chilena, nacida en Antofagasta. Fue Asistente de Literatura Hispanoamericana en la Universidad de Chile. Perteneció al consejo de redacción de la revista *Araucaria* y es corresponsal de *La Bicicleta,* revista de literatura y cultura chilenas. Actualmente enseña en la Universidad de Paris-Norte, Francia.

CARTENS, Iscotti:
Poeta y periodista chileno autor del libro *Diasporero/In der Diaspora,* poemas, Bremen, Verlag Roter Funke, República Federal de Alemania.

COLLAZOS, Oscar:
Escritor y crítico colombiano. Miembro del jurado Casa de las Américas que otorgó el Premio de cuento a Antonio Skármeta por su libro *Desnudo en el tejado,* en 1969. Actualmente vive en Barcelona, España.

DORFMAN, Ariel:
Escritor y crítico chileno. Fue Profesor de Literatura Hispanoamericana en la Universidad de Chile y en la Universidad de Amsterdam. Autor de numerosos trabajos sobre comunicación de masas y subliteratura, tales como *Para leer al Pato Donald* (en colaboración con Armand Mattelart) traducido a varios idiomas. Autor de varias novelas, entre las cuales destaca *Viudas* y *Moros en la costa* y del volumen de cuentos *Cría ojos...* y de un excelente libro de crítica *Imaginación y violencia en América.* Actualmente vive en Washington y colabora con el Wilson Center.

EPPLE, Juan Armando:

Poeta y crítico chileno. Actualmente vive y enseña en Estados Unidos donde ha terminado una tesis doctoral sobre *Blest Gana y la novela histórica,* en la Universidad de Harvard. Prepara una antología de la poesía chilena actual.

LIRA, Constanza:

Crítica y profesora de literatura en la Universidad de Chile. Actualmente está terminando un Doctorado en la Freie Universität Berlin, República Federal de Alemania, sobre la narrativa de Antonio Skármeta.

ROJO, Grínor:

Profesor y crítico chileno. Autor de un libro sobre *Los orígenes del teatro hispanoamericano* y de numerosos estudios críticos sobre la literatura de América Latina. Actualmente vive y enseña en Estados Unidos, donde es profesor de Literatura en Columbus University, Ohio.

SILVA CACERES, Raúl:

Profesor y crítico chileno. Ha enseñado en diversas universidades de Estados Unidos, tales como Vassar College y The City University of New York. Es autor, entre otros, de *La novela hispanoamericana actual*, New York, Las Américas Publishing Co., 1971 (en colaboración con Angel Flores). Actualmente, junto con co-dirigir el Centro de Estudios Latinoamericanos de la Universidad de Uppsala, es catedrático de Literatura y Civilización Hispanoamericanas en la Universidad de la Sorbona, en París.

INDICE

DOS NOVELAS DE ANTONIO SKARMETA

Soñé que la nieve ardía

(2ª Edición, prólogo y glosario
de Soledad Bianchi.

Ediciones LAR
Apartado de Correos 5001
Madrid-5. España)

La Insurrección

(Ed. del Norte,

P.O. BOX A. 130
Hanover,
New HAMPSHIRE! 03755
USA)